beck'sche
reihe

bsr

Sprach Goethe deutsch oder hessisch? Welche Fremdsprachen konnte er, und wie gut? Wieviel verdiente Goethe? Zahlte er eigentlich Steuern? Hat er Eckermann ausgebeutet? Was hatte Goethe gegen Brillen? War Goethe Raucher? Hat er getrunken, und wieviel? War er ein guter Ehemann? Wie war das mit Frau von Stein? War Goethe Freimaurer? War er abergläubisch? Hatte Goethe Humor? Wie groß war er? War er schlank oder korpulent? Was ist ein Erlkönig? Wer war Herr Iste? Was waren Goethes letzte Worte? Diese und viele andere Fragen stellt und beantwortet Gero von Wilpert, einer der besten Goethe-Kenner, seriös, wenn auch mit einem Augenzwinkern.

Gero von Wilpert wurde in Dorpat/Estland geboren, war Verlagslektor in Stuttgart und Professor für deutsche Literaturwissenschaft in Sydney. Er ist Fellow der Australian Academy of the Humanities. Verfasser zahlreicher Werke, darunter des *Sachwörterbuchs der Literatur* (2001), und des monumentalen *Goethe-Lexikons* (1998). Bei C. H. Beck liegt von ihm vor: *Deutschbaltische Literaturgeschichte* (2005).

Gero von Wilpert

Die 101 wichtigsten Fragen
Goethe

Verlag C. H. Beck

Mit 11 Abbildungen

Originalausgabe

© Verlag C. H. Beck oHG, 2007
Satz: Fotosatz Reinhard Amann, Aichstetten
Druck und Bindung: Druckerei C. H. Beck, Nördlingen
Umschlagabbildung: Johann Heinrich Wilhelm Tischbein:
Porträt Goethes in der Campagna (1787), Ausschnitt.
Umschlaggestaltung: +malsy, Willich
Printed in Germany
ISBN 978 3 406 55872 6

www.beck.de

Inhalt

Kuriosa   152

Einleitung

Kurt Tucholsky, doch vielleicht war es ein anderer, oder keiner von beiden, sondern ein Dritter, jedenfalls berichtet er von dem sonderbaren Alptraum eines Kollegen: er habe seinen Abituraufsatz über ein Thema schreiben müssen, zu dem ihm gar nichts einfallen wollte: «Goethe als solcher».

Grotesk natürlich oder vielmehr unnatürlich, aber gerade dieses Thema stellt sich auch der vorliegende Band: Goethe als solcher, nicht als «Dichterfürst», nicht als Staatsmann und Minister, nicht als Weltweiser oder Künstler und auch nicht als Naturwissenschaftler, sondern eben als Privatmann, als Person mit seinen vielen guten und wenigen schlechten Eigenschaften, im privaten Alltag, in der Familie, auf Reisen, unter Freunden und Freundinnen, als Kinderfreund und als Wanderer, mithin unter all den vielen Aspekten, die zu untersuchen die seriöse Literaturwissenschaft gern vermeidet, weil sie mit seinen literarischen Schöpfungen in gar keinem ersichtlichen Zusammenhang stehen, und die sie als nicht von Belang der Biographie überläßt.

Es ist schade darum. Selbstverständlich führt kein gerader Weg von Goethes Lieblingsspeise zu seinen Lieblingsversen. Aber wäre es nicht denkbar, daß wir über den Dichter und seinen vielbeschriebenen äußeren Lebenslauf hinaus auch etwas von seinem privaten Charakter, seinen Vorlieben und Abneigungen, seinen Tugenden und Fehlern wissen sollten, um ihn nicht nur als Federhalter, sondern auch als ganzen Menschen zu sehen und zu verstehen? Von einem Mann, der in allen Sätteln gerecht war, lassen wir also die Sättel weg und betrachten den Menschen.

Doch hier soll dem Leser kein positivistischer Wissensballast aufgebürdet werden, jedes überlieferte Geschehen mit Datum, Jahreszahl und Namen festgeschrieben werden. Vielmehr sollen statt unnützer Informationsfülle punktuelle Blitzlichter auf Einzelheiten seiner Existenz und seines Wesens aufleuchten, die im Zusammenhang mit anderen ihresgleichen mehr aussagen als langatmige objektive Berichte. Objektiv sind die gebotenen Fakten ohnehin, und um dies zu verdeutlichen, werden sie gelegentlich von subjektiven Nebenbemerkungen unterbrochen, die vielleicht unterhaltend, doch niemals despektierlich über Normales hinweggehen, Übertriebenes ironisch und Falsches leicht satirisch beleuchten.

Wem eine Fülle bloßen Faktenwissens mehr zusagt, der sei getrost auf mein umfangreiches *Goethe-Lexikon* (Stuttgart 1998) verwiesen. Wenn er dort den Einschlag von Humor vermißt, liegt er mit dem vorliegenden Band genau richtig.

Sydney, im Sommer 2007   *Gero von Wilpert*

Der Mensch: Eigenschaften und Eigenheiten

1. Wie sah Goethe aus? Wir haben leider keinen polizeilichen Steckbrief für Goethe, denn nur ein solcher würde uns Gewißheit verschaffen, wie Goethe bestimmt nicht aussah. Das kennt man. So sind wir nicht auf seine Feinde, sondern auf seine Freunde angewiesen, und auf deren Objektivität ist noch weniger Verlaß als auf die der Feinde. Am objektivsten, wenn es das gibt, sind natürlich die Frauen, weil sie Dinge sehen, die normale Männer übersehen. Aber leider sind sie auch zu schlau, sich über Goethes äußere Erscheinung festzulegen. Man kann ja nie wissen ... Doch der «schöne Mann» hatte entschieden die Mehrheit. Die meisten Zeugen stimmen darin überein, daß Goethe keine roten Haare, keine grünen Augen und keine blaue Hakennase gehabt habe. Das gibt schon eine Basis. Im übrigen gilt jede Beschreibung Goethes nur für einen kurzen Zeitraum und für eine bestimmte Situation, so daß sich die Zeugnisse widersprechen und dennoch denselben Goethe meinen können. Vor allem die Italienische Reise hatte Goethes äußeren und inneren Menschen bis zur Unkenntlichkeit verändert. Aus dem hageren, scharfkantigen, leicht linkischen Apoll war ein breiter, breitschultriger, selbstbewußter und gelassener Mann mit einem Ministergesicht geworden – ein Prozeß, der nicht umkehrbar ist.

Goethe war im Altersdurchschnitt etwa 1.74 m groß, auch als es Meter noch gar nicht gab, also nach heutigem Maßstab von mittlerem, nach damaligem Durchschnitt von hohem Wuchs und – so sagen die Zeugen – von wohlproportionierter (hoher, schöner, kraftvoller, imponierender, kolossaler, stattlicher, edler, erhabener usw.), später untersetzter Gestalt mit einem imponierenden Jupiterhaupt und großen, funkelnden, braunschwarz glänzenden und forschenden Augen, seinem primären Organ der Welterfassung. Wenn er keine Perücke trug, was er nie tat, zeigte er über der hohen Stirn leicht gewelltes, mittelbraunes, in der Jugend recht langes, bis um 1800 im Haarbeutel gebündeltes, später kürzer geschnittenes graues Haar. Kein Zopf, kein Bart – obwohl ihn ein vielleicht kurzsichtiger Falk 1792 mit schwarzem Bart als Zeichen des Weisen gesehen haben will – und keine Brille, wenn jemand zugegen war. Würdevolle, aufrechte, gelegentlich etwas steif wirkende Haltung, ansonsten keine besonderen Merkmale, auch nicht zwei linke Füße, wie ihn Tischbein in der Cam-

Abb. 1 Goethe. Porträtzeichnung von J.H. Lips. 1791.

pagna malte (weil die damaligen Schuhe aus weichem Leder rechts und links nicht unterschieden und man dennoch zwei davon brauchte). Auch im Alter war Goethe eine auffallende, jupiterhafte Erscheinung, die von seinen Nachahmern in weißer, wallender Mähne wie G. Hauptmann nur erstrebt, nicht erreicht wurde. – Im übrigen sollte man sich seine Lieblingsdichter nicht nach ihrer äußeren Erscheinung aussuchen.

2. Was zog Goethe an? Für Goethe, der ein scharfes Auge für die äußere Erscheinung eines Menschen hatte, war die Kleidung seit seiner Jugend Ausdruck quasi-künstlerischer Haltung, sozialer Zugehörigkeit oder individueller Besonderheit. Er legte daher stets Wert auf angemessene und gute Kleidung im jeweiligen Modeschnitt, und zwar nicht nur, wenn er für Porträts saß, sondern auch bei Besuchen und in Gesellschaft. Sie war ihm Ausdruck menschlicher Würde.

Für die Kleidung des jungen Goethe mag die Beschreibung in *Der neue Paris* (*Dichtung und Wahrheit* I, 2) zutreffen: «Der Anzug bestand ... in Schuhen von sauberem Leder, mit großen silbernen Schnallen, feinen baumwollnen Strümpfen, schwarzen Unterkleidern von Sarsche, und einem Rock von grünem Berkan mit goldnen Balletten. Die Weste dazu, von Goldstoff, war aus meines Vaters Bräutigamsweste geschnitten.» Die durchaus solide Kleidung, vom Diener meist aus den abgelegten Kleidungsstücken des Vaters nach altmodischem Schnitt zurechtgeschnitten, erregte im «Klein-Paris» der Leipziger Studenten Belustigung und Spott, so daß Goethes Geschmack sich vom Bürgerlichen zum Modischen wandelte und er sie gegen elegante Modekleidung tauschte.

In der Sturm-und-Drang-Zeit und schon in Straßburg wurde auch diese Mode verworfen und wich bald seiner Lieblingstracht: Grauer Biberfrack und lose geschlungenes, braunseidenes Halstuch. Diese wiederum machte der als Provokation und Bürgerschreck unter Studenten verbreiteten Werthertracht seines Helden Platz: blauer Frack mit Messingknöpfen, ledergelbe Weste, Lederhose, Stulpenstiefel. Damit wiederum erregte der junge Anwalt in Frankfurt Anstoß nicht nur bei der eleganten, auf Etepetete bedachten Familie von Lili Schönemann, und in dieser Uniform zog er mit den Grafen Stolberg in die Schweiz.

Am Weimarer Hof herrschte eine penible Kleiderordnung für männliche Höflinge. So mußte sich Goethe wohl mehrmals am Tage umziehen. 1783 erschien er Matthisson in goldverbrämtem blauem Reitkleid, später im Freien in einer Art Försterkluft, vor Freunden aber auch im leichten Hausrock oder in langem weißem Flanell-Schlafrock, wenn sie nur Qualität hatten, die Kleider. Vor Fremden, bei Besuchen und Empfängen, erschien Goethe in der reichen Kleidung seines Ranges: nichts Anzügliches also, gleich Frack: «ganz in Gala ... schwarzer feiner Frack ... worauf der große Stern der Ehrenlegion [?] prangte, schwarze Pantalons nebst Stiefeln, eine weiße Weste und sehr feine Manschetten.» (C. E. von Weltzien 9. 10. 1820)

Auch im Alter war Goethe auf peinliche Sorgfalt seiner Kleidung bedacht und verleugnete nicht seine Eitelkeit: «Jeder Mensch soll Freude an sich selbst haben» (*Wanderjahre* II, 3). Er wandte sich später

auch gegen den Trend zu einfacher Naturgemäßheit in der Frauen-
kleidung. Hinsichtlich der Schuluniformen spricht sich Goethe in
den *Wahlverwandtschaften* für die Uniformierung als Zeichen der
Gleichheit aus; in der «Pädagogischen Provinz» der *Wanderjahre* dagegen für Individualität in der Kleiderfrage. Es ist interessant und
beruhigend zu sehen, wie auch das Genie sich dem Wandel der Mode
unterwirft.

3. War Goethe eitel, egoistisch, stolz, dünkelhaft? Lauter Eigenschaften, die man einem Freund nicht gern nachsagen würde und die
man auch bei einem Genie nicht gern in größerem Maße sehen würde,
die aber von Gegnern und Rivalen betont werden und die die Zeit daher nicht verwischt. In allen Fällen spielen für die Beurteilung nicht
nur Grad und Ziel der Eigenschaft, sondern auch deren Verhältnis
zum Träger eine Rolle.

Ehrgeiz zum Beispiel, an dem Goethe zugegebenermaßen Anteil
hat, was sein bürgerliches Streben nach gesellschaftlichem Rang, Anerkennung, Ämtern und materiellem Besitz betrifft, kann als streben-
des Bemühen um Erfolg durchaus positiv gewertet werden und treibt
die Welt voran. Bloße Ruhmsucht dagegen ohne Berechtigung schlägt
ins Negative um.

Eitelkeit stört nicht den Träger, nur die Umwelt, sobald sie über
ein bloßes Gefallen am eigenen Aussehen und Können hinausgeht.
Goethe bezeichnet sie als «eine persönliche Ruhmsucht: man will
nicht wegen seiner Eigenschaften, seiner Verdienste, Taten geschätzt,
geehrt, gesucht werden, sondern um seines individuellen Daseins
willen» (*Maximen und Reflexionen* 860). Goethe bekennt sich unbedingt
zu seiner persönlichen Eitelkeit: «Da mich nun überhaupt das was
man Eitelkeit nennt, niemals verletzte, und ich mir dagegen auch
wieder eitel zu sein erlaubte, das heißt, dasjenige unbedenklich her-
vorkehrte, was mir an mir selbst Freude machte, so kam ich mit ihm
[J. G. von Zimmermann] wohl überein ...» (*Dichtung und Wahrheit* III, 15).
Goethe galt nicht nur als schöner Mann, sondern bezeichnete sich
angesichts des Porträts von J. K. Stieler noch 1828 als schön: «Er sieht
so schön aus, daß er wohl noch eine Frau bekommen könnte» (zu
Stieler 2.7.1828). 36 Jahre früher, in einem Brief an Christiane aus
der Campagne in Frankreich vom 10.9.1792, las man's anders: «Ich
bin manchmal in Gedanken eifersüchtig und stelle mir vor, daß dir
ein andrer besser gefallen könnte, weil ich viele Männer hübscher

und angenehmer finde als mich selbst. Das mußt du aber nicht sehen, sondern du mußt mich für den besten halten.»

Egoismus ist eine Eigenschaft, die Goethe oft vorgeworfen wurde, anfangs auch von Schiller («Er ist ein Egoist in ungewöhnlichem Grade», an Körner 2. 2. 1789), und zu der er sich auch in bestimmtem Sinne bekannte: Nicht als bedenkenlose Selbstsucht, als triebhaftes Streben nach Selbsterhaltung bis zum überwertigen Macht- und Geltungsstreben, das andere rücksichtslos verletzt oder behindert, sondern als wohlbedachter, rational-humanitärer Egoismus, der fremde Interessen anerkennt, sie mit dem Selbstinteresse kompromißhaft zu vereinen sucht und wiederum auch aus recht überlegtem Eigeninteresse Rücksicht auf andere nimmt. Während der gemeine Egoismus von außen gesehen als rücksichtslos und sittlich inferior erscheint, beruht ein ethischer Egoismus nach Goethes Auffassung auf der sittlichen Aufgabe, alle Möglichkeiten zur völligen Ausbildung seiner Persönlichkeit zu nutzen, sich selbst, Familie und Besitz zu verteidigen, um dann von der Position der Stärke aus bereitwillig, direkt oder indirekt anderen zu helfen. Dazu gehört als Voraussetzung die volle Entfaltung seiner Tätigkeit im Dienst der Gemeinschaft. Ein Egoismus mithin, der im Aussterben begriffen ist und den man heute in Verkennung der Zusammenhänge dem Staat überlassen zu können glaubt.

Stolz ist eine Eigenschaft, die Goethe nach Aussage vieler Zeitgenossen in reichem Maße besaß, und zugleich ein Begriff, der seit Goethes Zeiten in demokratischem Sinn als despektierlich eine Abwertung erfahren hat. Für die Ritter des Mittelalters war Stolz eine Tugend, heute gilt er als nahezu asozial, elitär und dergleichen. Man wird gut tun, Goethes Stolz nicht den heutigen Nebensinn der Überheblichkeit zu unterlegen, sondern in seinem Stolz nur seine eigene Anerkennung seiner Leistung und das Bewußtsein seiner Verdienste zu verstehen, und dazu liegt genug Grund vor.

Dünkel oder heute besser Arroganz ist der übersteigerte Stolz ohne ihn begründende vergangene oder zukünftige Leistungen. Goethe ironisiert ihn: «Es scheint, daß die gütige Natur allen denen, die bei ihr in höherer Hinsicht zu kurz gekommen sind, die Einbildung und den Dünkel als versöhnende Ausgleichungs- und Ergänzungsmittel gegeben hat» (zu Eckermann 5. 4. 1830). Die Selbstüberschätzung hinsichtlich möglicher Taten, denen man dann nicht gewachsen war, nennt er «einen gewissen selbstgefälligen Dünkel» besonders der

Jugend, an dem auch er teilhatte. Die Weimarer Freunde und Zeitgenossen billigen Goethe durchaus einen berechtigten Stolz zu, erheben aber zu Recht nicht den Vorwurf des Dünkels. Sie wären sonst seine Freunde nicht mehr.

4. Unter welchen Krankheiten und welchen Ärzten litt Goethe?

Das populäre Bild des kerngesunden, kraftstrotzenden, geistig wie körperlich unangefochtenen und heiteren Olympiers, der in seelisch-körperlicher Harmonie lebt und den Körper durch Übungen aller Art, später auch durch Badekuren, stählt, ist seit längerem als Wunschbild entlarvt worden, das nicht einmal Goethe aufrechterhalten hat und das an den Schwächen und Anfälligkeiten des Dichters, ja seinen oft langwierigen und lebensgefährlichen Krankheiten vorbeisieht. Goethe war keine Kraftnatur, so sehr er auch danach strebte, sondern von durchaus zarter, empfindlicher, leicht erschütterbarer psychisch-physischer Konstitution und litt unter häufigen körperlichen und psychosomatischen Krankheiten. Seelische Erschütterungen wie die Krise um das Frankfurter Gretchen und Mangel an Licht und Wärme sowie Luftdruck- und Wetterschwankungen in den feuchtkalten Wintermonaten schlugen oft als Krankheiten zu Buche. Nach dem damaligen Stand des Instrumentariums medizinischer Forschung mit Diäten und Wassertherapie usw. waren die Ärzte den Anforderungen nachhaltiger Hilfe bei allem guten Willen nicht gewachsen.

Von der lebensbedrohenden Nabelschnurumschlingung bei der Geburt, als er für leblos gehalten wurde, bis zum Tod durch Herzinfarkt war Goethe mehrfach dem Tode nahe und wurde fast als verloren aufgegeben, doch durch sein Naturell und den starken Willen gerettet, so 1768/69 beim Blutsturz in Leipzig mit monatelangen Wiederholungen und seelischer Krise bei der Rekonvaleszenz in Frankfurt, im Januar 1801 bei einer Gehirnhautentzündung (Meningitis), 1805 bei schweren Nierenkoliken, im Februar 1823 bei Herzbeutelentzündung und Infarkt sowie 1832 bei Lungenentzündung.

In der Jugend absolvierte Goethe die üblichen Kinderkrankheiten wie Masern, Windblattern und 1758 Pocken. Nach 1775 kamen häufige Katarrhe, grippale Infektionen, Mandelentzündungen und anhaltende Verdauungsbeschwerden hinzu, später 1792 Rheuma, seit 1800 Kopfschmerzen und Schwindelanfälle, 1801 Gesichtsrose, 1804 und 1832 Angina pectoris, 1829 Netzhautentzündung, 1830 Lungenblutsturz bei Erhalt der Meldung vom Tod seines Sohnes, und immer wieder häufige Herz- und Kreislaufstörungen, üble Zahnschmerzen mit Zahnersatz und andere, nach den Dokumenten nicht genauer diagnostizierbare Leiden. Sie veranlaßten Goethe, Krankheit «für das größte irdische Übel» zu halten (C. Vogel 1833), während sein Optimismus befand: «Nur die Gesundheit verdient, remarkiert zu werden.» (zu F. von Müller 21. 4. 1824)

Zahlreich sind die überlieferten mündlichen und schriftlichen Äußerungen Goethes zum Thema Krankheit. Sie belegen, daß Goethe trotz seiner Neigung, Unangenehmes zu ignorieren, sich intensiv mit Krankheitsproblemen allgemein beschäftigte. Er sah seelische oder emotionale Probleme als Auslöser der Krankheiten an, die Krankheit selbst aber als Überlebenschance, da «Leiden dem Gemüt doppeltes Leben und Kraft gibt». Auch das mag bei der damals niedrigen durchschnittlichen Lebenserwartung zu Goethes hohem Alter beigetragen haben.

Seinen Ärzten gegenüber, die er als Freunde und Helfer schätzte, war Goethe ein stets folgsamer und dankbarer Patient und setzte sowohl seine Hoffnungen als auch seine Zweifel auf sie. Sofern sie nüchterne, sachliche und fachgerecht gebildete Mediziner und nicht bloße, auf der romantischen Naturphilosophie basierende medizinische Spekulanten oder Scharlatane waren, könne ihre Kunst das Leben zwar nicht verlängern, aber doch erleichtern: «Unser Leben kann sicherlich um keinen Tag verlängert werden, wir leben, solange es Gott bestimmt hat; aber es ist ein großer Unterschied, ob wir jämmerlich wie arme Hunde leben oder wohl und frisch, und darauf vermag ein kluger Arzt viel.» (zu F. von Müller 12. 8. 1827) Ihre frühen Heilerfolge und ihre Hilfe bei seinen häufigen Krankheiten prägte Goethes positives Bild des Arzttums. Seine wichtigsten Ärzte waren in etwa chronologischer Folge:

G. Ch. Reichel, Tischgenosse und Betreuer Goethes beim Zusammenbruch in Leipzig 1768; Barbier Crisp, operierte 1768/69 Goethes Halsgeschwür; J. F. Metz, hermetisch-pansophisch beeinflußter Pietist, betreute Goethe 1768/69 während seiner schweren Krankheit in Frankfurt; J. Ch. Stark, Leibarzt Carl Augusts in Weimar, wurde von Goethe öfter konsultiert; J. G. Abel, Hausarzt der Jacobi in Düsseldorf, half Goethe 1792 gegen Hexenschuß; Ch. W. Hufeland, 1783–1801 Hofmedicus und Goethes Freund und Hausarzt; J. Ch. Reil, half Goethe 1805 in Halle bei einer Nierenkolik; C. A. W. Berends,

1818/19 Goethes Kurarzt in Karlsbad; W. Rehbein, großherzoglicher Leibarzt und seit 1818 Goethes Hausarzt und gesuchter Gesprächspartner; C. J. Heidler, 1821–23 Goethes Kurarzt in Marienbad; W. E. Huschke in Weimar, herzoglicher Leibarzt, rettete Goethe 1823 mit Arnika-Dekokten durch eine Krise; Ch. E. Kopp, Arzt in Leipzig, Goethes beliebter Gesprächspartner in Karlsbad; C. Vogel, Weimarer Hofmedicus, «einer der genialsten Menschen, die mir je vorgekommen sind» (zu Eckermann 24. 1. 1830), war auch bei Goethes Tod zugegen und veröffentlichte 1833 *Die letzte Krankheit Goethes.*

5. War Goethe geschlechtskrank?

Nicht doch, gewiß nicht, auch wenn ihm vielleicht einige wenige Zeitgenossen dergleichen an den Hals (oder wohin?) wünschten. Goethe litt nicht direkt an Geschlechtskrankheiten, sondern nur an großer Furcht vor ihnen. Geschlechtskrankheiten sind ja keine Erfindung der *permissive society*, sie gab es schon seit Urzeiten, nur wurden sie früher nicht erkannt, und nachdem die Syphilis 1493 aus Amerika eingeschleppt wurde, vermutete man im 18. Jahrhundert in allen Erscheinungsformen nur Abweichungen von ihr. Da sie zur Goethezeit recht verbreitet war und man zur Bekämpfung vielfach Kurpfuschermethoden mit Quecksilber anwandte, war die Dunkelziffer recht hoch, und Goethes Angst vor Ansteckung, unter der auch Herzog Carl August litt, war vielleicht nicht ganz unberechtigt.

In der urprünglich 16. *Römischen Elegie* schildert er die Krankheit als einen tückischen Wurm und vergleicht die Sorglosigkeit der antiken Menschen und Götter beim Geschlechtsverkehr mit den Gefahren seiner Zeit: «Sicher ist das Ehbett nicht mehr, nicht sicher der Ehbruch.» Der Dichter aber strebt nach Wiederaufnahme des antiken Lebensstils in seiner Zeit. Daher bittet er die Grazien, sie mögen ihm «ohne Gefahr den Genuß» erlauben. Doch der sicherste Ausweg ist ihm der Rückzug in den privaten Raum. In der 18. Elegie greift Goethe das Thema der modernen Geißeln der Menschheit wieder auf: «Aber ganz abscheulich ist's, auf dem Wege der Liebe / Schlangen zu fürchten, und Gift unter den Rosen der Lust.»

Aus dem Ausdruck solcher Angst haben moderne Psychoanalytiker wie K. R. Eissler den Schluß gezogen, daß Goethe wegen dieser Furcht bis zur Italienischen Reise enthaltsam gelebt habe und erst im erotisch freizügigeren Italien zuerst von den «öffentlichen Mädchen der Lust» abgestoßen, dann aber durch ein reines, liebendes Mädchen zum natürlichen Liebesgenuß bekehrt worden sei. Genaueres allerdings weiß nur Goethe.

6. War Goethe homosexuell? Natürlich haben Homosexuelle und deren Sympathisanten versucht, Goethe zu ihrem Proselyten und Parteigänger zu erklären. Da er aber zu der Zeit, als man aus seinen sexuellen Präferenzen keinen Hehl mehr zu machen brauchte, die Welt ohnehin an Überbevölkerung litt und mancher selbstlos auf Nachkommenschaft verzichtete, leider schon gestorben war, als Vater von fünf Kindern auch nicht sehr dafür geeignet war, konnte man ihn nicht mehr als Kronzeugen aufrufen, sondern mußte schriftliche Zeugnisse finden oder zwischen den Zeilen bzw. gegen den Strich lesen, um zu belegen, was man gern belegt haben wollte: daß Goethe der Männerliebe oblag oder sie zumindest bevorzugte. Die Aufgabe war nicht leicht, denn Selbstzeugnisse dazu gibt es nicht oder nur solche negativer oder fiktiver Art als Bekenntnisse nicht Goethes, sondern als Aussagen seiner fiktiven Figuren oder eines nichtidentischen lyrischen Ich wie in den unterdrückten *Venezianischen Epigrammen* 38 und 40 nach tradierten antiken Mustern besonders Martials. Andere Zeugnisse sind nichts weiter als poetisch verklärte Schilderungen platonischer Männerfreundschaften, wie sie unter den sozialen Gegebenheiten des 18. Jahrhunderts und der Empfindsamkeit üblich waren, so die Nacktbadeszenen mit den Stolbergs (*Dichtung und Wahrheit* 19) oder das nächtliche Gespräch mit Jacobi (ebda. 14). Die anale Männerliebe bezeichnet Goethe (zu F. von Müller 7. 4. 1830) eindeutig als Verirrung des ästhetischen Gefühls ins Tierische. Es scheint also, Goethe ist als Parteigänger der Gleichgeschlechtlichen ungleich und ungeeignet.

7. Wovon träumte Goethe? Natürlich hatte Goethe wie jeder normale, nicht psychoanalysierte Mensch auch Träume, und zwar schon in Farbe, die Vergangenheit und Zukunft, Phantasie und Wirklichkeit, Erinnerungen und Wunschbilder mischen und die zumeist problemlösend und erquickend wirken: «Ich habe in meinem Leben Zeiten gehabt, wo ich mit Tränen einschlief, aber in meinen Träumen kamen nun die lieblichsten Gestalten, mich zu trösten und zu beglücken, und ich stand am andern Morgen wieder frisch und froh auf den Füßen.» (zu Eckermann 12. 3. 1828) Doch er hielt nicht allzuviel von Traumdeutung: «Es ist doch immer das Traumreich wie ein falscher Lostopf, wo unzählige Nieten und höchstens kleine Gewinnstchen untereinander gemischt sind. Man wird selbst zum Traum, zur Niete, wenn man sich ernstlich mit diesen Phantomen beschäftigt.» (an Herder 27.12.1788)

Im literarischen Werk verwendet Goethe das Traummotiv wiederholt zum Zeichen der Irrealität und des verschwiegenen Wunsches, so in den Liebesgedichten an Frau von Stein, als Rückblende im Gedicht *Ilmenau* und im Drama (*Götz, Egmont* u. a.).

Eigene Träume zeichnete er kaum auf, erzählte sie aber teilweise. Nur einen Traum aus dem Jahr 1785, also vor der Italienreise, hatte er mehrfach und erzählte ihn Herder (13.12.1786, 17.2.1787) und Frau von Stein (29.12.1786), bis er ihn 28 Jahre später aus dem Gedächtnis in der *Italienischen Reise* (19. und 28.10.1786) aufzeichnete. Der Inhalt war den Freunden bekannt, so daß er öfter darauf anspielen konnte:

Er landete mit einem ziemlich großen Kahn an einer fruchtbaren, reich bewachsenen Insel, wo die schönsten Fasane zu haben waren. Er erwarb davon eine ganze Bootsladung von den Einwohnern, die sie ihm haufenweise getötet ins Boot brachten und mit den Köpfen nach innen und den langen bunten, beaugten Federschweifen wie von Pfauen und seltenen Paradiesvögeln nach außen hängend legten, so daß sie herrlich in der Sonne glänzten. Während der Rückfahrt überlegte er sich, welche Freunde er damit beschenken wollte, und suchte im Hafen zwischen ungeheuer bemasteten Schiffen nach einem sicheren Landungsplatz. Goethe schließt: «An solchen Wahnbildern ergetzen wir uns, die, weil sie aus uns selbst entspringen, wohl Analogie mit unserm übrigem Leben und Schicksalen haben müssen.»

Recht hat er: da der Traum vor Antritt der Italienreise erlebt wurde, scheint eine einfache und logische Deutung die zu sein, daß Goethe im Traum vorwegnimmt, er werde aus Italien eine reiche Ausbeute an bunten Schätzen (auch Erzählungen, Erlebnissen, Eindrücken, Erwerbungen und Erfahrungen) für die Freunde in Weimar mitbringen können. Die Psychoanalyse, die jedes aufragende Gebilde von mehr als drei Zentimeter Höhe mit einer Erektion in Verbindung bringt und hier auf ein reiches Feld traf, kann natürlich das poetische Phantasiebild zerstören, indem sie ihm (auch ohne Beachtung der Ambivalenz von Vögeln) eine phallische Potenzphantasie unterstellt. Goethe wird dadurch weder tiefer noch besser, aber die Psychoanalyse spaßiger.

8. Was hatte Goethe alles im Auge? Die Rede von Goethe als einem Augenmenschen ist längst Gemeinbesitz der Nation und trotzdem nicht weniger richtig geworden. Sie fordert gar keinen Widerspruch heraus, es sei denn den, daß Goethe vermutlich diese Eigenschaft mit etwa 90 Prozent der derzeitigen wie der heutigen Bevölkerung teilt und daß daher seine zahlreichen Aussagen über die Augen als zentrales Organ der Welterfassung und des Weltverständnisses mehr oder weniger offene Türen einrennen. Es mag wohl wenige und daher bedauerliche Menschen geben, die ihre Welt überwiegend durch den Tastsinn, den Geruch, den Geschmack oder selbst das Gehör erfassen, und die restliche Welt braucht sich nicht goethegleich zu fühlen, wenn auch ihr die Augen das wichtigste Sinnesorgan sind.

Goethes dunkle, forschende Augen («Jupiteraugen», Schopenhauer) wurden wegen ihrer Größe und ihrer Strahlkraft als tief und durchdringend gerühmt, doch das betrifft nur ihre Ausstrahlung, nicht ihre Apperzeption, und gewiß ist die Ausstrahlung lebenswichtig, wenn man im Auge die Seele des Nächsten zu erkennen glaubt oder das Auge als erotisches Organ benutzt wie Goethe, der mit «Äugelchen» das distanzierte Flirten mit dem anderen Geschlecht bezeichnet.

Unter solchen Aspekten verbleiben Goethes Preisungen des Auges dennoch subjektiv wahr und literarisch vollkommen, etwa vom persönlichen Bekenntnis «Das Auge war vor allen anderen das Organ, womit ich die Welt faßte» (*Dichtung und Wahrheit* 6) über «der klarste Sinn» *(Shakespeare und kein Ende)* und «das welt- und erdgemäß Organ» (*Faust* II, v. 11907) bis zum lyrischen Gipfel im Türmerlied des Lynkeus (*Faust* II, v. 11289 ff.): «Zum Sehen geboren, / Zum Schauen bestellt, ... Ihr glücklichen Augen, /Was je ihr gesehn,/ Es sei wie es wolle, / Es war doch so schön!»

Ohne das Vorwiegen des Auges wären Goethes Kunstschaffen, seine Kunstbetrachtungen, ja selbst die *Italienische Reise*, die er unter anderem als «Schulung des Auges» betrachtete (*Italienische Reise* 11. 9. 1786), von geringerem Wert. Als visueller Typus, der sich am Sichtbaren orientiert, durch intensives Schauen mit den körperlichen Augen eine Schärfung der Augen des Geistes bewirken will und Neigung zum gegenständlichen Denken und Dichten zeigt, bevorzugt Goethe auch in seinen Werken die Verben der optischen Wahrnehmung, und deren Ergebnis sind Anschaulichkeit und Bildhaftigkeit des Stils.

Die Wichtigkeit des Auges erweist sich ferner für Goethe auch in seinen Schriften zur optischen Wahrnehmung, zur Farbenlehre und Optik, und nicht zuletzt in dem oft wiederholten Argument, daß er viele Dinge, z. B. Mineralien oder Gefäße u. ä., «zur Anschauung» benötige: «Das unmittelbare Anschauen der Dinge ist mir alles, Worte sind mir weniger als je ...» (an Boisserée 22. 3. 1831)

9. War Goethe ein Genie? Goethe versuchte es zu sein, nicht indem er sich wie in seiner Frühzeit dem Bild des Kraftgenies anpaßte, sondern indem er seinen Begriff von Genie von Zeit zu Zeit revidierte und auf sich selbst adaptierte, und siehe: er paßte immer.

Für das Genie gab es vor 1800, als der Sturm und Drang sich noch anheischig Geniezeit nannte, so viele und so vage Definitionen in ästhetischer, sozialer, rechtlicher oder psychologischer Hinsicht, daß eine eindeutige Abgrenzung des durch allseitigen Gebrauch verwaschenen Begriffs, zumal in einer Zeit, da jeder Künstler ein Genie sein wollte, vergeblich erscheint. Das ist zugleich bezeichnend für ein modisches Schlagwort, das jeder sich nach Gutdünken auslegt.

Für die verherrlichten «Originalgenies» (eine Prägung wie der «weiße Schimmel»), die sich frei von jeder Bindung an die literarische Tradition fühlten, obwohl sie noch dieselbe Sprache benutzten, galt als Kennzeichen, daß sie autonom alle bestehenden sozialen und ästhetischen Gesetze und Regeln über Bord warfen und an ihrer Stelle Originalität um jeden Preis setzten, die sich jedoch nur im Schaffensakt beweisen konnte: Das Genie gibt der Kunst die Regel. Genie sei diejenige Kraft des Menschen, «welche durch Handeln und Tun Gesetz und Regel gibt.» (*Dichtung und Wahrheit* 19).

So bezeichnet Goethe als Genie 1772 die «Fähigkeit, neue große Ideen aus der Tiefe zu heben» (Klotz-Rezension), zunächst ohne Rücksicht auf Moral, Bildung und Ästhetik, die sich erst später in das Bild des Genies einschleichen, als dessen Reinkultur-Form suspekt wird.

Unter dem Einfluß Herders und insbesondere von Shaftesburys Vorstellung vom Künstler als zweitem Schöpfer von gottgleicher Autonomie vergleicht Goethe das Genie mit der sich selbst organisierenden Natur, die auch nach einer inneren Form schafft, die ihre eigenen Gesetze und Kunstregeln bieten. Erst später, noch vor der Italienreise wird Genie zusehends in der Abhängigkeit von Zeit, Natur und Gesellschaft gesehen und durch Geschmacksbildung, Talent, handwerkliches Können, Charakter und Moral ergänzt, also in die Umwelt bis hin zur Anerkennung der Tradition zivilisiert und damit verwässert. Mit dem Beginn der irrationalen Romantik erfolgt eine weitere Rationalisierung des ursprünglich gesetzlos-willkürlichen Genies, die den Begriff praktisch auf ein begabtes, aber nicht mehr revolutionär-anarchisches Schöpfertum zurücknimmt, auf «Taten, die vor Gott und in der Natur sich zeigen können und eben deswegen Folge haben und von Dauer sind.» (zu Eckermann 11. 3. 1828)

Innerhalb von Goethes Schaffen wird die Genieperiode bestimmt durch die kraftgenialischen Hymnen der frühen siebziger Jahre *(Wandrers Sturmlied, Prometheus)*, Dramen wie *Götz* und Romane wie *Werther* mit ihren autarken Hauptfiguren, die dem deutschen Sturm und Drang eine Sonderstellung innerhalb des europäischen Klassizismus einräumen.

«Das wahre dichterische Genie, wo es auftritt, ist in sich vollendet; mag ihm die Unvollkommenheit der Sprache, der äußeren Technik, oder was sonst will, entgegenstehen, es besitzt die höhere innere Form, der doch am Ende alles zu Gebote steht, und wirkt selbst im dunkeln und trüben Element oft herrlicher, als es später im klaren vermag.» *(Rezension von Des Knaben Wunderhorn)*

10. Besaß Goethe Humor? Klassiker, insbesondere deutsche Klassiker, sind weder geneigt noch verpflichtet, Humor zu haben oder ihn gar vorzuzeigen. Klassische Literatur hat nach deutschen Vorstellungen erhaben, ernst, tief und tragisch zu sein, oder sie ist keine, während Humor im Gegenteil ins Unklassische, Leichte und Oberflächliche verdammt erscheint, also nicht ein tieferes Erfassen, sondern ein gaukelndes Spiel mit Dingen und Situationen voraussetze. Überdies hatte Humor im 18. Jahrhundert und auch für Goethe eine andere Bedeutung als heute und bezeichnete nach der antiken Säftetheorie allgemein eine Stimmung oder Laune jedweder Art, also neben guter und froher Laune auch üble und böse Laune, was den Begriff nahezu überflüssig macht, weil er neben Heiterkeit, Spaß, Scherz, Witz, Satire, Parodie, Ironie und Komik auch Bitterkeit, Boshaftigkeit, Melancholie usw. einschließen kann.

Nimmt man Humor im heutigen Begriff als harmloses, gutmütiges, verständnisvolles Lächeln über menschliche Schwächen, Unzulänglichkeiten und Wechselfälle des Schicksals und heiteres, gelassenes Darüberstehen, so kann man von einem deutschen Nationaldichter nicht mehr erwarten als vom deutschen Nationalcharakter, der alle krassen und aggressiven Haltungen und derbe, volkstümliche Komik einer schmunzelnden Weltbetrachtung vorzieht. Von dieser Art des Humors, der eigentlich mehr als englischer Import der Laurence Sterne u. a. in die deutsche Literatur gelangte, wird man in Goethes Werk wenige Spuren finden, obwohl Goethe als Mensch in seiner Jugend durchaus zu Scherz, Spaß und Schabernack neigte (*Dichtung und Wahrheit* II, 7) und als Unterhalter eine ganze Gesellschaft zum Lachen bringen konnte. Wenn aber Caroline Schlegel noch 1799 schreibt «Einen durchtriebeneren Schalk gibt es auf Erden nicht wie den Goethe», so bezieht sich das wohl eher auf praktische Scherze als auf fröhliche Laune. Nach der Italienischen Reise und mit zunehmender Reife verlor sich diese leichte Heiterkeit und Ausgelassenheit.

Wo der literarische Humor, dem Goethe dann Gewissen und Verantwortungsgefühl abspricht und den er im Hinblick auf die zeitgenössischen Humoristen der niederen Literatur zurechnet, der klassischen Seriosität weicht, da kann trotzdem ein privater Humor überleben und zur Lebensmeisterung beitragen. Bei Goethe jedoch sind die Anzeichen dafür gering: «Wem es ernst ist mit dem Leben, der kann kein Humorist sein. Wer untersteht sich denn, Humor zu haben, wenn er die Unzahl von Verantwortlichkeiten gegen sich selbst und andere erwägt, die auf ihm lasten?» (zu Kanzler Müller 6. 6. 1824) Als wäre Humor eine Eigenschaft, die man befehlen oder verdrängen kann! Statt des dermaßen entschuldigten Humors treten bei Goethe später theoretische Betrachtungen über Wesen und soziale Rolle des Humors hervor, die bekanntlich immer den Tod jeden Humors herbeiführen. Geist und Humor konnten bei Goethe nicht zum Einklang und zu einer Symbiose gelangen. Schade.

11. Sprach Goethe deutsch oder hessisch und andere Fremdsprachen? Als Frankfurter sprach Goethe von Haus aus einen leicht hessischen Dialekt und verleugnete auch im Weimarer Alltag nicht seine Frankfurter Herkunft und Sprechweise. Es mag einen schönen Babylonischen Sprachwirrwarr gegeben haben, wenn der Weimarer Hof sächselnd, Goethe mit hessischem Zungenschlag (z. B. im Reim «Ach neige,/ du Schmerzensreiche») und schließlich Schiller mit seinem Schwäbisch durcheinander redeten, doch eine Verständigung auf gebildetem Niveau schloß das nicht aus. Der sprachbegabte Goethe war zwar nicht polyglott, doch für Fremdsprachen begabt und eignete sich viele in seiner Jugend unter Aufsicht des Vaters durch die Frankfurter Hauslehrer an. Er beherrschte Latein solide, Französisch sehr gut, Italienisch zufriedenstellend und auf der Italienreise aufpoliert. Im Englischen erwarb er sich Grundkenntnisse, zog es aber vor, wenn seine englischen Besucher deutsch sprechen konnten; für das Altgriechische zog er Übersetzungen zu Hilfe, und das Hebräische kam über die Anfangsgründe nicht hinaus. Für slawische und orientalische Sprachen war er schon wegen der Schrift ganz auf Übersetzungen angewiesen.

Für seine eigenen Dichtungen greift Goethe auf viele verschiedene Traditionen zurück, spielt mit ihnen, vermischt Mundartliches, Volkstümliches und Sprichwörtliches, bereichert den Wortschatz durch Fremdwörter, die er als Gewinn für die Flexibilität der deutschen Sprache betrachtet, und ist als Sprachschöpfer nicht regelhörig, sondern impulsiv. So schafft er sich eine vielseitige, flexible Individualsprache von unverkennbarer Eigenart. Von den Schauspielern allerdings verlangt er zu Recht ein reines Hochdeutsch, und allen Deutschen rät er dringend zum Fremdsprachenerwerb: «Wer fremde Sprachen nicht kennt, weiß nichts von seiner eigenen.» (*Maximen und Reflexionen* 91) und «Der Deutsche soll alle Sprachen lernen, damit ihm zu Hause kein Fremder unbequem, er aber in der Fremde überall zu Hause sei.» (ebda. 978). Dennoch ist er sich bewußt, «daß die Sprache nur ein Surrogat ist, wir mögen nun das, was uns innerlich beschäftigt oder was uns von außen anregt, ausdrücken wollen.» (an Ch. L. F. Schultz 11. 3. 1816)

12. Warum hieß Goethe «der Wanderer»? Von Jugend auf hatte Goethe viel Freude an Ausflügen und Fußwanderungen in die Umgebung von Frankfurt und in den Taunus, von Straßburg ins Elsaß und nach Sesenheim u. a. Seit der Rückkehr vom Studium 1772 wanderte er öfter, teils mit Freunden, von Frankfurt nach Darmstadt zum Besuch im Kreise der Darmstädter Empfindsamen, nach Homburg und Wetzlar und von dort nach Gießen und Ehrenbreitstein und erhielt daher wegen seines unsteten Umherschweifens von den Freunden den Beinamen «der Wanderer».

Gerade in den Straßburger und Frankfurter Jahren ist das zweckfreie Wandern Goethes, der sich selbst auch «der Unruhige» nannte, weder eine zielstrebige Annäherung noch ein zielloses Abenteuern; es ist ein Sichaussetzen an die Welt, ein Erproben seiner Selbst und ein

Infragestellen des bürgerlich-idyllischen Lebensstils, mithin ein Offensein gegenüber allen Welteindrücken.

Von Weimar aus, wo Goethe sich anfangs als Unsteter und Unbehauster fühlte, zog es ihn mehrfach in den Harz und auf den Brocken oder in die Landschaft Thüringens. Auch in der Schweiz, in Italien und von den Kurorten in Böhmen und am Rhein frönte er zeitweise der Wanderlust.

Bei zunehmendem Alter wird aus dem erfrischenden, zweckfreien Herumwandern ein Mittel der Welterfassung. In einer Zeit ohne Verkehrsstauungen war das Wandern für den Naturfreund die ideale Gelegenheit zur Welterfahrung in freier Natur und der naturgemäße Weg gemächlicher Fortbewegung zu genauer Beobachtung von Landschaft, Natur, Pflanzen- und Tierwelt und seinerseits zugleich auch der Menschen in der Natur in genießerischer Ruhe. Im positiven Sinne ist es darüberhinaus Äußerung und Mittel der Weltfreude und Naturnähe.

Daher durchzieht das Wandermotiv – auch viele Naturgedichte ohne spezielle Wanderer-Perspektive – in zahlreichen Varianten Goethes ganzes Werk vom Sturm und Drang bis zum Alterswerk und der Lyrik (*Der Wandrer*, 1772, nach Oliver Goldsmith; *Wandrers Sturmlied*, 1772; *Wandrers Nachtlied* I und II, 1776 und 1780; *Harzreise im Winter*, 1777; *Wandrer und Pächterin*, 1804; *Wanderlied*, 1821; *Wandersegen*, 1821) bis zum Zentralmotiv im Roman *Wilhelm Meisters Wanderjahre*.

13. War Goethe sportlich? Sport war Goethe unbekannt. Das Wort kam in Deutschland nämlich erst seit 1828 auf, als Fürst Pückler-Muskau es aus England einführte, für Goethe also zu spät. Und was Goethe trieb, hat mit dem heutigen Begriff, der im Hauptberuf und als Wettkampf, ja als Weltanschauung betrieben wird und den Geist in den Schatten stellt, nur soviel gemein, als er in freier Luft stattfindet. Trotz solcher Widersprüche wird Goethe natürlich von vielen Sportfanatikern und Freiluftaposteln als Kronzeuge für den Geist der Leibesübungen in Anspruch genommen.

In Goethes Jugendzeit läßt sich ein Faible für körperliche Ertüchtigung nicht belegen, wenn man die bloße Tatsache, daß er kein Stubenhocker war, nicht zu weitherzig auslegen will. Anstrengende Leibesübungen um ihrer selbst willen, sportliche Wettkämpfe, gymnastische Ambitionen und schweißtreibender Leistungssport mit

Rekordangeln lagen ihm auch später fern. Ein Brief an Johanna Fahlmer vom 5. Juni 1775 setzt die körperliche Betätigung in den rechten Kontext: «Schlafen, Essen, Trinken, Baden, Reiten, Fahren war so ein paar Tage her der selige Inhalt meines Lebens». Die wenigsten dieser Begriffe lassen sich auch im weitesten Sinne als Sport verstehen. Also Freizeitbeschäftigungen auf der Reise in die Schweiz, nicht absichtsvolles stählendes Muskeltraining oder Mannschaftskampf, sondern ganz natürliche Bewegungen und Vergnügen wie Wandern, Nacktbaden, Schwimmen, Jagen, Bergsteigen u. a. m. Fechten lernte man in der Schule, Reiten beim Reitlehrer, und Tanzen war derzeit noch viel weniger als heute eine sportliche Schau, sondern gesellige Unterhaltung.

Angeregt durch Klopstocks Oden widmete Goethe sich im Winter dem Eislauf – der Skilauf kam erst gegen Ende des 19. Jahrhunderts in den Alpen auf. Ungewöhnliche körperliche Leistungsfähigkeit bewies Goethe schließlich im Bergsteigen im Harz, und zwar auch bei unwirtlichem Wetter. Alles in allem also vielseitige Tätigkeiten, Mut- und Kraftproben vor sich selbst ohne Leistungsdrang, doch mit dem Ziel einer Steigerung des Körper- und Lebensgefühls bis an jene Grenze, wo der heute pseudoreligiöse Begriff Sport einsetzt: mithin ein Vorbild für klinikfreien, nichtsportlichen Sport.

14. Konnte Goethe schwimmen, reiten, fechten und tanzen? Alle diese körperlich-gesellschaftlichen Fähigkeiten erwartete man natürlich von einem wohlerzogenen Sohn der bürgerlichen Oberschicht, und sie wurden von Fachlehrern in und außerhalb der Schule eingeübt. Ob die Schüler sie vollendet beherrschten und darin exzellierten, dieses Urteil hing ebenso wie heute von den Sym- oder Antipathien der Kritiker ab. Da wie über Goethes Aussehen so auch hier meist nur die positiven Urteile überliefert sind, wird man diesen nur mit der nötigen Vorsicht Glauben schenken dürfen, aber Goethe konnte damit zufrieden sein.

Das Baden, und zwar meist auch das Nacktbaden in kalten Gewässern, praktizierte Goethe als Anhänger Rousseaus schon als Leipziger Student und dann vor allem auf der ersten Schweizer Reise mit den Brüdern Stolberg 1775 in Darmstadt, in der Reuß und im Zürichsee aus dem Gefühl idyllischer Naturverbundenheit, bis ihm die biederen Schweizer durch Steinwürfe klarmachten, daß sie diese Art der ungeschützten Wasser- und Sichtverschmutzung mit Lärmbegleitung nicht guthießen (*Dichtung und Wahrheit* 19). Richtig schwimmen lernte Goethe erst 1778, praktizierte es auf der zweiten Schweizer Reise mit dem Herzog im Genfer See und beglückte auch späterhin jeweils morgens die erreichbaren kühlen Flüsse Europas von der Ilm bis zum Tiber, dann allerdings in einem leinenen ministeriellen Schwimmwams, das den Nachteil hatte, nicht aufzufallen.

Reiten, und zwar auf echten Pferden, war vor Erfindung des Motorrads ein «Must» für einen jungen Mann von Stand. Goethe lernte es 1765 im geschlossenen, übelriechenden Frankfurter Marstall mit Widerwillen, da sein Reitlehrer ihn verspottete und ihm immer den schlechtesten Gaul gab. Er erinnerte sich nur ungern daran, wurde aber in der freien Natur in den Straßburger und frühen Weimarer Jahren zu einem leidenschaftlichen Reiter, der «tage- und wochenlang kaum vom Pferd kam» (*Dichtung und Wahrheit* 4; sicher übertrieben, kein Grund zum Mitleid mit dem Pferd). Auch die zweite Schweizer Reise unternahm Goethe 1778 mit Herzog Carl August zu Pferd.

Das Fechten lernte Goethe 1765 bei einem Frankfurter Fechtmeister. Allerdings kam er nie in die Verlegenheit, das Erlernte auch praktisch unter Beweis stellen zu müssen, wohl weil er niemanden an seiner Ehre faßte.

Das Tanzen mit den komplizierten Figuren des 18. Jahrhunderts erforderte viele Tanzstunden bei einem wohlausgebildeten Tanzmeister, der auch die gesellschaftlichen Umgangsformen vermittelte. Vater Goethe versagte darin, so daß Goethe sich in Leipzig beim Ball blamierte. In Straßburg nahm er wieder Tanzstunden bei einem französischen Tanzmeister, dessen beide Töchter sich angeblich in ihn verliebten. Er bevorzugte es jedoch, mit Friederike Brion in Sesenheim zu tanzen. In Weimar galt er als ausgezeichneter Tänzer. Dort beherrschte ein Hoftanzmeister die Redouten, ließ sich jedoch bei den Eskapaden Goethes zu Dorftänzen nicht blicken. Seine Tanzleidenschaft aber wurde erst wieder durch die begeisterte Tänzerin Christiane entflammt. Mit ihr tanzte Goethe bei festlichen Gelegenheiten auch im Alter. Schließlich beschäftigte er sich mehr mit Theorie, Herkunft, Rhythmus, Ausdrucksformen und Nutzen der Tanzkunst.

15. Wagte Goethe sich aufs Glatteis?

Die Weimarer Bürger werden nicht schlecht gestaunt haben. Sie wußten aus langjähriger Erfahrung, daß, wer einen guten Schnupfen, Husten oder gar eine entzückende Erkältung suchte, nichts Besseres tun konnte, als sich auf Eis zu legen.

Und dann bei Nacht und in dünner Kleidung! Die Fackeln auf den vereisten Ilmwiesen gaben ja wohl nicht genug Wärme ab, das Eis zu schmelzen. Also war es unverständlich, warum die Hofgesellschaft dort ihre Kreise zog, es sei denn, sie wollten einbrechen, aber Einbrecher hatte man in Weimar nicht so gern, oder sie brauchten die Übung, um sich auf dem schlüpfrig glatten diplomatischen Parkett zu halten.

So oder ähnlich könnte es gewesen sein, als sich Goethe schlittschuhlaufenderweise erst auf dem Schwanseeteich in Bertuchs Garten, dann mit anderen Mitgliedern der Hofgesellschaft auf den vereisten Ilmwiesen produzierte und damit der Residenz ein neues Vergnügen bescherte. Er hatte sich noch in Frankfurt 1774 durch Klopstocks Gedichte, vor allem *Der Eislauf*, anregen lassen und es angenehm gefunden: es «tat sich, bei eintretendem Winter, eine neue Welt vor uns auf, indem ich mich zum Schlittschuhfahren, welches ich nie versucht hatte, rasch entschloß, und es in kurzer Zeit, durch Übung, Nachdenken und Beharrlichkeit, so weit brachte als nötig ist, um eine frohe und belebte Eisbahn mitzugenießen, ohne sich gerade auszeichnen zu wollen.» (*Dichtung und Wahrheit* 12) Er debattierte auch mit Klopstock, ob die Dinge Schlittschuhe oder Schrittschuhe heißen sollten, und praktizierte die Kunst auf dem zugefrorenen Festungsgraben in Mainz und im Pelzmantel seiner Mutter auf dem gefrorenen Main in Frankfurt, dann machte er sie in Weimar bei der herzoglichen Familie, dem Hof und den Bürgern populär und verwendete das Bild für jugendliche Kraft, Gesundheit und Mut 1776 im Gedicht *Eis-Lebens-Lied* (1789 unter dem Titel *Mut*), in *Dichtung und Wahrheit* (12, 15, 16) und in den *Wanderjahren (Der Mann von 50 Jahren)*.

Und für alle, die es noch nicht wahrhaben wollten, daß ein Klassiker sich aufs Glatteis begab, hielt Wilhelm von Kaulbach den Schlittschuhläufer Goethe 1862 in einem Holzschnitt fest.

16. Rauchte Goethe viel? Wie entschieden Goethe seiner Zeit voraus war, erweist sich besonders in seinem Verhältnis zum Tabakrauchen mit der Pfeife – gegen Zigaretten konnte Goethe nicht einschreiten, denn die gab es seinerzeit noch nicht. Goethe konnte seine persönliche, seit der Jugend eingewurzelte Abneigung gegen das Rauchen wie so viele Fanatiker bis zur Katastrophenwarnung verallgemeinern. Seine Aversion, die gelegentlich zu physischem Unwohlsein und fast zur Ohnmacht führte, artikulierte er 1790 im 66. *Venezianischen Epigramm*:

> «Vieles kann ich ertragen! die meisten beschwerlichen Dinge
> Duld ich mit ruhigem Mut, wie es ein Gott mir gebeut;
> Wenige sind mir jedoch wie Gift und Schlange zuwider,
> Viere, Rauch des Tobaks, Wanzen und Knoblauch und + »

(wobei in der Handschrift statt des Kreuzes «Christ» stand). Daß sein Freund Christian Daniel Rauch so hieß, störte ihn nicht, aber eingefleischte Raucher seiner Umgebung wie Carl August, Basedow, Peter im Baumgarten und besonders Knebel mögen ihm schon auf die Nerven gegangen sein. Den Dienstboten war das Rauchen streng verboten. Andererseits war Goethe seinen literarischen Figuren gegenüber tolerant genug: sie durften das «virtuelle» Rauchen als Charakterdetail beibehalten («Er saugt begierig am geliebten Rohr», *Ilmenau*) – dasselbe Rauchen, das später den Unmut der Filmzensur erregte. Zum Überdruß steigerte sich Goethes Unmut jedoch in einem undatierten Gespräch mit Knebel: «Das Rauchen ... macht dumm; es macht unfähig zum Denken und Dichten. Es ist auch nur für Müßiggänger ... Für solche faule Türken ist der liebevolle Verkehr mit den Pfeifen und der behagliche Anblick der Dampfwolke, die sie in die Luft blasen, eine geistvolle Unterhaltung ... Wenn es so fortgehen sollte, wie es den Anschein hat, wird man nach zwei oder drei Menschenalter[n] schon sehen, was diese Bierbäuche und Schmauchlümmel aus Deutschland gemacht haben. An der Geistlosigkeit, Verkrüppelung und Armseligkeit unserer Literatur wird man es zuerst bemerken ... Aber es liegt auch im Rauchen eine arge Unhöflichkeit, eine impertinente Ungeselligkeit. Die Raucher verpesten die Luft weit und breit und ersticken jeden honetten Menschen ...» (Artemis-Ausg. 22,518 f.). Die Tabakindustrie hat sich Goethes Worte zwei Jahrhunderte lang nicht zu Herzen genommen – oder sie als bloße Hirngespinste eines passionierten Nichtrauchers abgetan.

17. War Goethe ein Schlemmer?   Das Essen war für Goethe keine Nebensache. Er aß gern gut und reichlich und war durch die gute Küche im Elternhaus verwöhnt. In jungen Jahren sowie auf Reisen in Gasthäusern waren seine Ansprüche und Eßgewohnheiten durchaus flexibel. In Weimar wurde ihm ein organisierter Tagesablauf mit regelmäßigen Mahlzeiten an kultivierten Tafeln zu einem unverzichtbaren Bedürfnis. Er war ein großer Esser, der «mitunter etwas Schlechtes schrieb, aber nie etwas Schlechtes aß» (F. Grillparzer), «auch frisset er entsetzlich viel» (Jean Paul 17.6.1798). Wenn er in Jena weilte, beklagte er sich oft über die schlechte Kost dort und sandte Küchenwunschzettel an Christiane. Zeitgenossen und Gäste bezeugen, daß er eine sehr gute Tafel führte und Gäste als exzellenter und freigebiger Gastgeber gern mit ausgesuchten Spezialitäten erster Güte erstaunte wie Kaviar, Froschkeulen, Krebse, Muscheln, Hummer, Austern, Trüffel, Krammetsvögel, Schnepfen, Auerhahn usw. Als Genießer und Feinschmecker gab Goethe das Menu oft selbst an, berücksichtigte die Vorlieben der Gäste und erwies sein Geschick bei der Zubereitung der Speisen und Salate oder im Zerlegen des Bratens oder Geflügels. Zu einer Zeit ohne Medien, da Vergnügungen und Unterhaltung fast nur im privaten Kreis stattfanden und ein ausgedehntes Mittagsmahl, teils mit Tischgesprächen, Musik und Gesang, sich wie eine Party in die Länge zog, sah Goethe gern Freunde, Mitarbeiter, Kollegen, Künstler, Gelehrte und interessante Durchreisende als Gäste bei sich und konnte, sobald das formelle Eis gebrochen war, sehr warm und freundlich sein.

Die geregelten Mahlzeiten im Haus am Frauenplan liefen nach einem festen Vierstundenplan ab:

6 Uhr: Erstes Frühstück, oft im Bett serviert: Milch, Schokolade, Fleischbrühe, Gebäck, Zwieback oder Weißbrot; im Alter eine Tasse Milchkaffee.

10 Uhr: Zweites, kräftigeres Frühstück mit kalter Küche: geräucherte Zunge, kalte Beefsteaks, Kotelett, dazu ein Glas Madeira,

14 bis 15 Uhr: Mittag, Goethes Hauptmahlzeit mit drei bis vier Schüsseln: Suppe, Fleisch mit Gemüse, Fisch, Pastete, Braten (Geflügel oder Wild), eine Mehlspeise, als Nachtisch Gelee oder Käse und eine Flasche Wein,

18 Uhr: leichter Imbiß: Punsch, Suppe oder Tee, Obst, ein Brötchen.

Mancher Gast hätte für solche Bewirtung wohl auch weniger prominente Gastgeber in Kauf genommen.

18. War Goethe ein Trinker? Wenn man unter Trinker jemanden versteht, der des Trinkens fähig ist, und mehr sagt das Wort ja nicht, so ist die Frage schamlos zu bejahen; wenn man damit jemanden meint, der oft des Guten zuviel tut, so muß man das individuell unterschiedliche Zuviel genauer definieren, und wenn es jemanden treffen soll, der beim Trinken den Boden nicht mehr sieht, so wird man mit dem Jawort vorsichtig sein und die Tage zählen, an denen Goethes mäßiges und regelmäßiges Trinken ins Un- und Übermäßige ausschlug. Überdies half der Wein Goethe nicht erst von Kindesbeinen an. Dem bei der Geburt scheinbar leblosen Kind rieb man die Herzgrube mit Wein, und er lebte auf! Der Wein also als Lebensretter! Später trank Goethe eher mäßig und regelmäßig als regelmäßig übermäßig, und die Regelmäßigkeit und Gewohnheit des Weinkenners behütete vor Exzessen. Besucher lobten seinen klugen Umgang mit dem Wein; er vertrug viel und zeigte tags darauf keine Nachwirkungen.

Doch wir greifen vor: Ein Großteil dessen, was durch Goethes Kehle floß, straft alle üblen Vermutungen: Goethe trank große Mengen teuren Mineralwassers, viel Kaffee, auch Tee, kaum Bier oder Spirituosen, dafür aber, über den ganzen Tag verteilt, Wein. Daß er ungekochtes Wasser der Weimarer Brunnen getrunken habe, ist nicht bezeugt und mag seine Gründe gehabt haben. Aus gesundheitlichen wie medizinischen Gründen zog er Mineralwasser aus verschlossenen Flaschen vor: Pyrmont, Eger, Karlsbad, Sauerbrunn, Seltz, Spa, Schmalbach, Fachingen, Kreuzesbrunn u. a. m. stellten sich bei ihm ein. Bei abendlichen Teegesellschaften gab es verschiedene Tees mit Gebäck und, damit die Herren nicht zu kurz kamen, auch Arrak-Punsch, den Goethe selbst zubereitete.

Goethes heute unüblichen Trinkgewohnheiten verteilten sich über den ganzen Tag: Morgens 5 bis 6 Uhr Kaffee, Trinkschokolade oder Fleischbrühe, nach dem Aufstehen gegen 6 Uhr wieder Kaffee und Mineralwasser, zum Frühstück um 10 Uhr Süßwein, besonders Madeira, im Laufe des Vormittags wieder ein Wasserglas guten Weins. Zu Mittag leerte Goethe allein eine ganze Flasche Rotweins oder alten Rheinweins, zum Dessert gelegentlich ein Glas Champagner und abends Wein, Tee, Punsch oder eine halbe Flasche Champagner, mit Besuchern auch eine Flasche Rheinwein. So war sein Weinkonsum zum Stirnrunzeln der Abstinenzler auch nach wohlwollenden Berichten keineswegs gering. Mancher alkoholfreie Leser muß sich wohl fragen, wann Goethe bei so viel Weinkonsum noch Zeit fand, seine Werke zu schreiben, ob er womöglich beides gleichzeitig tat oder wer den *Faust II* vollendete. Es steht wohl außer Zweifel, daß wir bei alkoholischer Enthaltsamkeit weniger von ihm zu lesen hätten.

Goethes ansehnlicher, gutgefüllter Weinkeller enthielt nach Aussage seiner Gäste hervorragende, gepflegte Weine von Weinhändlern, Kellereien oder aus Schenkungen von Freunden, die der im Weinland aufgewachsene Weinkenner sehr wohl zu unterscheiden und zu bewerten wußte: Burgunder, Erlauer, Würzburger, Wertheimer, Hochheimer, Rüdesheimer, Aßmannshäuser, Eilfer (von 1811), Johannisberger, Bordeaux, Malaga, Madeira, Port, Champagner u. a. m. Bei Goethes Gastlichkeit nimmt es nicht Wunder, wenn 12 bis 20 Prozent der Jahreseinnahmen in den Weinkeller wanderten, und die herzogliche Kammer profitierte herzlich von der erheblichen Tranksteuer.

Goethe schätzte die schöpferischen Kräfte des Weins, seine Förderung der Geselligkeit, Erhöhung der Lebenslust, Überbrückung matter Stunden, Würze der Mahlzeiten, schließlich auch die Entbindung der sprachlichen und dichterischen Phantasie. Seinen Sohn dagegen warnte er – übrigens, wie das bei Söhnen vorkommt, vergeblich – vor übermäßigem Weingenuß, der «mehr als man glaubt, einem besonnenen, heitern und tätigen Leben entgegen wirkt» (an August 3. 6. 1808). Als Alibi interessierte sich der alte Weinkenner auch für die Geschichte der Weine und entwarf noch 1828 eine Abhandlung *Über den Weinbau*, dem er auch auf Reisen nachging (ohne die Unkosten steuerlich abzusetzen).

19. Trank Goethe eigentlich Bier? Von Haus aus und als guter Hesse war Goethe eigentlich mehr weinerlich als bierisch. Obwohl uns wohlmeinende Goetheaner einreden wollen, Goethe habe «nie Bier» getrunken, läßt sich nicht leugnen, daß der Weintrinker in der Entfernung von der Heimat und unter dem ungünstigen Einfluß studentischer Gebräuche in Leipzig, wo sich die Pleiße weniger für den Wein eignete (*Faust* v. 2246), zum Bierkonsum neigte. Das Lob des Bieres allerdings überläßt er sinnigerweise den Unterschichten, den Handwerksburschen und Schülern (*Faust* v. 815, 830). Doch schon in Auerbachs Keller trinkt man Wein (*Faust* v. 2264 ff.) oder gießt ihn einander «über den Kopf» (*Faust* v. 2078). Vor der Abreise aus Leipzig stellte Goethe fest, «das schwere Merseburger Bier verdüsterte mein Gehirn» (*Dichtung und Wahrheit* II, 8). Seither und wohl nicht nur infolge dieses Effekts trat das Bier ganz zurück: kein Wunder, daß die Produktwerbung Goethe nicht zitiert und daß kein Bier seinen Namen trägt. Schließlich erklärte Goethe zu Knebel, das Biertrinken stumpfe die Nerven ab und werde die Schuld tragen an der künftigen «Geistlosigkeit, Verkrüppelung und Armseligkeit unserer Literatur» (Artemis-Ausg. 22,518). Wider Erwarten haben sowohl Bier als Buch die Zeiten überdauert.

20. Spielte Goethe?

«Gar schöne Spiele spiel' ich mit dir», verspricht der Erlkönig dem Knaben und denkt dabei sicher nicht an das Marionettentheater, das Goethe 1753 (und sein Sohn August 1800) erhielt, und auch nicht an jenes etwas suspekte Mariage-Spiel, das man als Gesellschaftsspiel in seiner Frankfurter Jugend spielte und das die Jugendlichen für jeweils eine Saison durch das Los zu Paaren trieb und ihre geselligen Tugenden und ihre Anpassungsfähigkeit prüfte.

Freiwillige, gesellige Tätigkeiten, die nach gewissen Regeln und ohne praktischen Nutzen um ihrer selbst willen oder zum Zeitvertreib in der Freizeit ausgeübt werden und oft – im Gegensatz zum Glücksspiel beim Würfeln, in Lotto oder Spielautomaten – ein Minimum an Geschicklichkeit erfordern, nahmen im 18. Jahrhundert auch aus Mangel an Angeboten der Unterhaltungsindustrie breiten Raum ein und bildeten oft einen Bestandteil geselliger Zusammenkünfte. Während halbsportliche Spiele wie Haschen, Versteckspiel, Tennis und das im 18. Jahrhundert besonders beliebte Blindekuhspiel mehr für Gärten und Parks geeignet waren, herrschten im Hause Würfelspiele und Brettspiele wie Schach. Goethe konnte vor allem dem Schachspiel wenig abgewinnen, das ihm «völlig geeignet, allem Dichtersinn den Garaus zu machen» erschien. (*Noten und Abhandlungen zum west-östlichen Divan*, Kapitel *Geschichte*). Auch für Glücksspiele konnte er sich nicht begeistern. Kartenspiele dagegen wie Piquet, Pharo, Whist und andere, «deren Kenntnis und Ausübung in der Gesellschaft für unerläßlich gehalten wird» (*Dichtung und Wahrheit* II, 6), lernte und spielte er trotz der ernsten Warnung des Vaters in Leipzig und Whist besonders häufig in Straßburg, dann wieder im Alter 1811–13 nachmittags oder abends mit Herder und Salzmann.

Der Spieltrieb war Goethe ein wesentliches Lebensprinzip als interesseloses Ausüben menschlicher Anlagen ohne praktische Nutzanwendung und als Ausdruck der Humanität: : «Nur nichts als Profession getrieben! Das ist mir zuwider. Ich will alles, was ich kann, spielend treiben, was mir eben kommt und solange die Lust daran währt. So hab' ich in meiner Jugend gespielt unbewußt; so will ich's bewußt fortsetzen durch mein übriges Leben.» (zu Riemer Anfang

1807) Das Spiel läßt sich wie das Leben nicht durch theoretisches Wissen um die Regeln, sondern nur durch praktisches Tun und Erfahrung erlernen. (zu F. v. Müller 26. 2. 1832) Die Rolle des Spiels für die Ästhetik liegt darin, daß «nur aus innig verbundenem Ernst und Spiel wahre Kunst entspringen kann.» *(Der Sammler und die Seinigen)*. Goethe stellt sich mit seinen Äußerungen zum Spiel neben Schiller an den Beginn der modernen Spieltheorie, die den Spieltrieb des homo ludens mit an die Quelle von Kultur und Kunst setzt.

21. Wie sah Goethes Tageslauf aus?

Während Goethes Tageslauf in der Jugend und noch in der Studienzeit, teils auch auf Reisen, oft spontan und erratisch wirkte und plötzlichen Entscheidungen (z. B. für Ritte nach Sesenheim) folgte und damit starkes Lebensgefühl und Lebensgenuß demonstrierte, zügelte Goethe seit Weimar sein leidenschaftliches Gefühl und erstrebte eine größere Regelmäßigkeit seiner Lebensführung. Im Interesse produktiver Arbeit, die ihm ethisches Bedürfnis war, plante er eine strenge Tageseinteilung mit gleichmäßigen Perioden für Mahlzeiten, Arbeiten und Gesellschaft.

Die erste Arbeitsperiode reichte vom Frühkaffee um 6 bis gegen 10 Uhr und galt, teils noch vor dem Aufstehen, dem Briefediktieren und schriftstellerischen Arbeiten, wobei ihm seine Diener, Schreiber und Sekretäre mit peinlicher Sorgfalt zur Hand gingen. In der zweiten Arbeitsphase von 10 bis 13 Uhr nach dem zweiten Frühstück wurden weiterhin Briefe und schriftliche Arbeiten erledigt, auch schon frühe Besucher empfangen. Nach dem Mittagessen im häuslichen Kreis oder mit Gästen um 13/14 Uhr und kurzer Mittagsruhe wurden laufende Geschäfte unternommen und Besuche gemacht oder empfangen. Der frühe Abend vor Einbruch der Dunkelheit galt Ausfahrten, Spaziergängen, Theaterbesuchen u. ä. Nach Einbruch der Dunkelheit widmete Goethe sich der Lektüre oder weiter schriftlichen Arbeiten, dann pflegte er von etwa 21/22 Uhr bis 5 Uhr die Nachtruhe. (Zu den Mahlzeiten s. «War Goethe ein Schlemmer?»)

Für die Haushaltsarbeiten und -kosten arbeitete Goethe mit den Angestellten einen Haushaltsplan aus und bestimmte auch den Küchenzettel. Seit dem Zusammenleben mit Christiane leitete diese den Haushalt; nach ihrem und Augusts Tod fielen diese Arbeiten wieder an Goethe und die Angestellten.

Für den geselligen Verkehr kleineren Umfangs dienten die Mittagsmahlzeiten; größere Gesellschaften mit geladenen Gästen fanden in den frühen Abendstunden in den patrizischen Repräsentationsräumen statt. Auch die Mitglieder der herzoglichen Familie besuchten Goethe lange Jahre wöchentlich zu festen Terminen, und er ging wenigstens anfangs oft zu Hofe.

22. Was wissen wir über Goethes Arbeitsweise? In seinen wissenschaftlichen Arbeiten unterscheidet sich Goethes Arbeitsweise kaum von der seiner Kollegen: Soweit es um einen größeren Aufsatz geht – deren Goethe nur wenige schrieb –, wird das ausgeformte Material in der Art von Erkenntnissen oder Aphorismen auf Einzelzettel eingetragen, dann ein Gliederungsschema entwickelt und verfeinert und entsprechend die Linien der Darstellung ausgearbeitet.

In seinem dichterischen Schaffen dagegen hält Goethe es wie viele Dichter, indem er die Geheimnisse seiner Produktionsweise entweder gar nicht preisgibt oder sich auf die althergebrachten Mythen von Erleuchtung, Inspiration, Schöpfungen aus dem Unbewußten und dergleichen herausredet und selbst so wenig darüber aussagen zu können vorgibt wie Lord Byron, der behauptete, er käme zu seinen Dichtungen «wie die Weiber zu schönen Kindern; sie denken nicht daran und wissen nicht wie.» (zu Eckermann 24. 2. 1825)

Eine Übersicht seiner wenigen Aussagen zur literarischen Arbeitsweise führt zu der erstaunlichen Erkenntnis, daß Goethe, wenn er von Arbeitsmethode spricht, weder von sinnlichen Anregungen redet (wie Schiller, der durch den Geruch überreifer Äpfel in seiner Schublade Anregung fand) noch wie spätere Lyriker oft von gewissen rhythmischen oder melodischen Fragmenten ausgeht, sondern daß er fast stets das Publikum, also die Lyrikleser und Theaterbesucher und deren mögliche Reaktionen vor Augen hat und somit im Sinne einer vorweggenommenen Rezeptionsanalyse seine Wirkungsmittel und deren Effekte beim Leser/Zuschauer genau kennen muß. Beim Drama wäre es daher sehr empfehlenswert, wenn der Dichter seine Rollen den vorgesehenen Darstellern, die sie sprechen sollen, auf den Leib schreibt (zu Eckermann 4. 2. 1829), so daß gewissermaßen eine Direktübertragung vom Dichter zum Zuschauer ohne ein Übermittlungsmedium stattfindet.

Dennoch schreibe er nie, wie die Trivialautoren die Masse ausnützten, sondern «ich habe immer nur dahin getrachtet, mich selbst besser und einsichtiger zu machen, den Gehalt meiner eigenen Persönlich-

Abb. 2 Goethe diktierend im Arbeitszimmer. Gemälde von J.J.Schmeller. 1831.

keit zu steigern und dann immer nur auszusprechen, was ich als gut und wahr erkannt hatte.» (zu Eckermann 20. 10. 1830)

Auch ist die Arbeitsweise des Dichters, die zur Entstehung eines Textes führt, individuell unterschiedlich nach Charakter, Alter und Lebensstil des Autors und den Formen und Problemen des Textes. Sie kann ausgehen von der gedanklichen Konzeption eines Werkes oder, besonders bei Lyrik, von sinnlichen, akustischen, melodischen oder visuellen Erfahrungen ohne akute Wahrnehmung des Autors, die dann auch ohne Berücksichtigung der poetischen Regeln als Ganzes vor ihm stehen und feste Form im Gedicht suchen.

Ein Beitrag wie dieser kann daher keinesfalls dazu dienen, durch Nachahmung von Goethes Arbeitsweise den alten Herrn zu übertreffen und aus dem Sattel zu heben. Wer heute wie Goethe schriebe, käme ohnehin 200 Jahre zu spät. Dazu gehört denn doch einiges mehr als die materielle und temporäre Imitation seiner regelmäßigen Arbeitseinteilung in den wesentlichen Schaffensperioden in Weimar:

6–10 Uhr erste Arbeitsphase.

10 Uhr nach dem Frühstück Korrespondenz diktieren und Besuche empfangen, mangels solcher Weiterarbeit bis 13 oder 14 Uhr.

Nach Mittag andere Geschäfte, Besuche, Spaziergänge oder -fahrten, eventuell Theater, bei Einbruch der Dunkelheit Lektüre bis 22 Uhr.

All dies neben den amtlichen und gesellschaftlichen Verpflichtungen. Texte und Briefe wurden mitunter in Goethes feiner, schräger Handschrift selbst geschrieben oder dem Schreiber diktiert und dann eigenhändig, notfalls mehrmals, korrigiert. In den meisten Fällen ist Arbeitszeit die Zeitspanne der Niederschrift oder des Diktats eines bereits im Kopf vorgefaßten, gültigen Textes, an dem auch bei späteren Revisionen wenig geändert wird. Bei größeren Texten wie Epen oder Romanen gehen meist einige vorbereitende Arbeiten voraus, die, falls erhalten, in wissenschaftlichen Ausgaben den Entstehungsprozeß dokumentieren, z. B. Schemata für Struktur, Aufbau, Handlungsgang, die durch Zusätze erweitert werden können und zum Teil neue Abschriften des ganzen Schemas von dem zu behandelnden Teil an zeitigen.

Diese Art der Vordisposition erlaubte Goethe, bei der Ausarbeitung entweder chronologisch vorzugehen oder zu springen und beliebige, ihm wichtige Passagen zuerst niederzulegen, ohne den Zusammenhalt des Ganzen zu gefährden. Die erste Fassung eines Textes wurde nach Diktat auf die rechte Hälfte einer Folioseite geschrieben, während die linke Hälfte eventuellen Ergänzungen oder Korrekturen diente. In der Interpunktion unsicher, diktierte Goethe stets ohne Satzzeichen; sie wurden bei der syntaktischen Durchsicht des Textes eingesetzt (oder auch nicht). Vom solchermaßen korrigierten Text ließ Goethe eine Reinschrift anfertigen, und erst auf dieser Stufe legte er den Text Freunden, Philologen und anderen Beratern vor. Waren deren Anregungen akzeptiert und eingearbeitet, so konnten neue Abschriften der nunmehr definitiven Fassung erfolgen, und eine Schlußrevision achtete nochmals auf orthographische und Interpunktionsfehler. Sodann entstand auf besserem Papier die letzte Reinschrift, die durchgesehen als Manuskript/Satzvorlage an den Verlag abging. Für Überarbeitungen zu späteren Auflagen ging Goethe von einem Drucktext als Satzvorlage aus, und wenn er besonderes Glück hatte, war die benützte Druckvorlage sein eigener Drucktext und kein fehlerhafter Nachdruck, dessen Fehler sich leicht auch in Goethes revidierten Text einschlichen.

Mit zunehmendem Alter Goethes tritt als Erklärung der Schaffensweise neben die Rolle des produktiven Unbewußten auch die bewußte Kontrolle der literarischen Produktion (an W. von Humboldt 17.3.1832). Goethes Schaffensphasen wechselten zwischen wenig produktiven und stark produktiven Zeiten etwa auch während einer Seefahrt (*Italienische Reise* 30.3. – 1.4.1787). So spannt sich die Arbeit an einzelnen Werken mit vielen Unterbrechungen über 60 Jahre (*Faust*) oder 50 Jahre (*Wilhelm Meister*) oder bloß ein Jahrzehnt (*Iphigenie, Tasso*), bei Gedichten natürlich selten über einen Tag hinaus. Zu seinen Balladen äußert Goethe: «Ich hatte sie alle schon seit vielen Jahren im Kopf, sie beschäftigten meinen Geist als anmutige Bilder, als schöne Träume, die kamen und gingen und womit die Phantasie mich spielend beglückte. Ich entschloß mich ungern dazu, diesen mir seit so lange befreundeten glänzenden Erscheinungen ein Lebewohl zu sagen, indem ich ihnen durch das ungenügende dürftige Wort einen Körper verlieh ... Zu anderen Zeiten ging es mir mit meinen Gedichten gänzlich anders. Ich hatte davon vorher durchaus keine Eindrücke und keine Ahnung, sondern sie kamen plötzlich über mich und wollten augenblicklich gemacht sein, so daß ich sie auf der Stelle instinktmäßig und traumartig niederzuschreiben mich getrieben fühlte. In solchem nachtwandlerischen Zustande geschah es oft, daß ich einen ganz schief liegenden Papierbogen vor mir hatte und daß ich dieses erst bemerkte, wenn alles geschrieben war oder wenn ich zum Weiterschreiben keinen Platz fand.» (zu Eckermann 14.3.1830)

23. War Goethe ein Bücherwurm?   Ein großer Leser mit vielseitigen Interessen war er gewiß, aber kein Büchernarr, Bibliophiler oder Bibliomane, und gewiß kein Schreibtischtäter. Das erweist sich am besten an Goethes privater Bibliothek von 5424 Titeln mit rd. 6500 Bänden, die nicht ledergebunden und staubfrei in repräsentativen Bücherschränken der Empfangsräume oder als Hintergrundsprospekt des Autors an einem pompösen Schreibtisch, sondern auf kargen, durchgebogenen Brettergerüsten im hintersten Zimmer des Hauses am Frauenplan mit engen Gängen Aufstellung fanden, als würden sie schamhaft versteckt. Nach der Italienreise 1788 waren es nur 317 Bände, dazu kamen 1794 rund 300 Bände aus der Bibliothek des Vaters, und dennoch vergleicht Goethe eine Bibliothek mit einem «großen Kapital, das geräuschlos unberechenbare Zinsen spendet» (*Tag- und Jahreshefte 1801*).

Das Mißverhältnis erklärt sich daraus, daß Goethes Bibliothek, eigentlich erst ab 1800 systematischer gesammelt, nur als private Handbibliothek zum eiligen Nachschlagen angelegt war, da die große Weimarer Bibliothek (jetzt Herzogin Anna Amalia Bibliothek) im Grünen Schloß, die seit 1797 unter Goethes Aufsicht stand, nur ein paar Minuten entfernt lag und Goethe mit 2276 Ausleihungen wohl ihr fleißigster Benutzer war. Die Proportionen der Sachgebiete in Goethes Bibliothek sind unter diesen Umständen zwar wenig auf-schlußreich, aber doch bemerkenswert und etwas enttäuschend: 1138 Titel behandeln die Medizin und die Naturwissenschaften, 1223 erfassen die schöne Literatur mit dem Schwerpunkt auf antiken Autoren und nur wenigen Zeitgenossen, 615 Titel gelten der Archäo-logie, Bildenden Kunst, dem Theater und der Musik, weitere der Theologie, Philosophie, Geschichte und Biographie, und 137 sind Wörterbücher und Nachschlagewerke.

In seinem genauen Katalog (1958) der Sammlung auf dem Stand von 1885 notiert Hans Ruppert auch Goethes Randbemerkungen und Anstreichungen, unaufgeschnittene Dedikationsexemplare zeit-genössischer Autoren sowie solche Bände, die ohne Abschied von ih-ren Vorbesitzern verschwanden und umgekehrt solche, die, wie einige seiner Erstausgaben, aus Goethes Sammlung entwichen – was eigent-lich nur dank einer besseren anderweitigen Unterkunft verständlich wäre. Wie manche Autoren hatte Goethe keine bibliophilen Ambitio-nen, sondern ging etwas unachtsam mit Büchern um, weil sie ihm weniger wichtig waren als seine Kunstschätze. Er lieh sie aus oder lieh sie sich aus, hatte erst seit 1822 eine Art Katalog und verlor wohl gele-gentlich die Kontrolle über den Bestand. Der Bücherwurm jedenfalls hat sie nicht auf dem Gewissen, so er eines hat.

24. War Goethe im Bilde? «Doch bleibt immer das schönste Denkmal des Menschen eigenes Bildnis. Dieses gibt mehr als irgend etwas anders einen Begriff von dem, was er war; es ist der beste Text zu vielen oder wenigen Noten; nur müßte es aber auch in seiner besten Zeit gemacht sein», so meint der Architekt in den *Wahlverwandtschaften* (II, 1), und Goethe: «Jeder fühlende, wohlhabende Mann sollte sich und seine Familie, und zwar in verschiednen Epochen des Lebens, malen lassen.» (*Der Sammler und die Seinigen*, 2. Brief)

In diesem Punkt ist Goethe seinem Grundsatz zwar indirekt, aber mehr als erforderlich gefolgt, und infolgedessen gibt es von ihm als dem meistgemalten deutschen Dichter mehr echte Bildnisse als falsche Mona Lisas, und sämtlich in fremdem Auftrag, nämlich über hundert Porträts in Öl, Aquarelle, Tusch-, Kreide- und Bleistiftzeichnungen, Kupferstiche, Radierungen, Büsten, Reliefs, Medaillons, Denkmünzen und Denkmalsentwürfe, viele von ihnen in mehrfachen Versionen, Kopien, Repliken oder Abgüssen. Sie ähneln einander oft recht wenig, da der gemeinsame Bezug nicht das vorige Porträt ist, sondern das Modell Goethe, der im Gegensatz zu Oscar Wildes Dorian Gray sich selbst, nicht das Porträt, änderte. Ihre Reihe reicht vom Bild des 13jährigen Knaben bis zur Totenmaske, und die künstlerische Breite beruht auf dem Können, den verschiedenen Techniken, Auffassungen und Perspektiven der Künstler, aber auch auf Goethes persönlichem Verhältnis zu den Malern: es scheint, daß er bei den Sitzungen nie Grund zum Lachen oder auch nur Lächeln hatte, da er meist mit den Malern über Kunstfragen fachsimpelte.

Die meisten Porträts sind nach der Natur und persönlicher Anschauung oder lebendiger Erinnerung entstanden, denn «kein Porträt kann etwas taugen, als wenn es der Maler im eigentlichsten Sinne erschafft.» (*Der Sammler und die Seinigen*, 6. Brief). Nur wenige gehen auf bereits vorhandene Vorlagen zurück, die sie z. T. verfeinern, keins auf Photographien, während sie selbst Vorlagen für Briefmarken aller Couleurs boten. So ist auch unser Bild von Goethe durch eine oder mehrere Fremdperspektiven bestimmt, und echter Goethe sind nur seine Texte.

Die bekanntesten Ölgemälde stammen von: G. M. Kraus 1775/76, G. O. May 1779, J. H. W. Tischbein 1786–88, A. Kauffmann 1787, F. Bury 1800, G. von Kügelgen 1808/09, J. J. Schmeller 1827, J. C. Stieler 1828; ferner Zeichnungen u. a. von J. H. Lips 1779, J. L. Sebbers 1826, C. A. Schwerdgeburth 1831 und Büsten oder Reliefs von G. M. Klauer 1778/79, 1780, Ch. F. Tieck 1801, 1807/08, G. M. Weißer 1807/08, Ch. D. Rauch 1820, J. G. Schadow 1823 und P. J. David d'Angers 1829, 1829–31.

25. Wie war Goethe in der Schule? Zur Beruhigung aller Schüler sei es gleich vorweggeschickt: Goethe kann ihnen nicht von den Eltern als Vorbild vorgehalten werden. Er ging nämlich gar nicht zur Schule. Und es kam noch besser: Für den Zugang zur Universität brauchte man kein Abitur, kein Zeugnis oder einen anderen Abschluß. Man ging einfach hin, wenn man das Alter erreicht, das Gymnasium absolviert oder sich anderweitig genügend vorbereitet hatte. Goethes Vater mißtraute den damaligen trübsinnigen und pedantischen Lehrern an öffentlichen Schulen und entschloß sich, «seine Kinder selbst zu unterrichten, und nur soviel als es nötig schien, einzelne Stunden durch eigentliche Lehrmeister zu besetzen». Nur die ersten Jahre 1752–55 besuchte Goethe einen Kindergarten («Spielschule»), wo er die ersten Lesehilfen erhielt, und 1755/56 während des Umbaus des Elternhauses mußte er aus dem Weg, mußte bei Freunden wohnen und für ein paar Monate eine öffentliche Elementarschule besuchen.

Vom 6. Lebensjahr an begann 1755 der Privatunterricht unter Aufsicht des Vaters und sukzessive durch mehrere Hauslehrer für die aufeinanderfolgenden Fächer. Es begann 1755 mit protestantischer Religion, deutscher Sprache und Literatur, 1756 folgten Schreiben, Rechnen, Geschichte und Geographie sowie Latein und Griechisch, 1757 Französisch, bestärkt durch die französische Besatzung und deren Theater, 1758 Zeichnen, 1760 Italienisch, zuerst beim Vater, 1761 Jiddisch und 1762–63 Englisch (damals ungebräuchlich) und Hebräisch. 1763–65 schließlich folgten die gesellschaftlichen Tugenden wie Klavierspielen, Tanzen, Reiten und Fechten. 1765 bezog Goethe die Universität Leipzig.

Die breite Skala der Disziplinen mag für die Zeit ungewöhnlich erscheinen, aber sie drangen dank der mittelmäßigen Lehrer nur dort in die Tiefe, wo Goethe ihnen Interesse entgegenbrachte und selbständig weiterarbeitete. Für Grammatik und Interpunktion war dies keineswegs der Fall, und die Erfahrung lehrte ihn, «wie mangelhaft aller Unterricht sein muß, der nicht durch Leute vom Metier erteilt wird.» (*Dichtung und Wahrheit* I, 1)

Später in Weimar nahm sich Goethe ein wenig und ganz unsystematisch des Unterrichts für Fritz von Stein an. Den Unterricht seines Sohnes August überließ er 1797 erst dem Hauslehrer Eisert, dann seit 1803 F. W. Riemer und schließlich drei Jahre lang dem Gymnasium. Literarisch dagegen erörterte er pädagogische Fragen ausführlich in den *Lehrjahren*, den *Wahlverwandtschaften* und insbesondere den *Wanderjahren* mit der «Pädagogischen Provinz». Seine praxisnahe Einstellung fordert dabei die Berücksichtigung der Entwicklungsphasen Jugendlicher und die Anerkennung ihrer Individualität.

26. Wie wurde Goethe Doktor?   «Besonders lernt die Weiber führen .../ Ein Titel muß sie erst vertraulich machen...», so rät Mephisto dem Schüler im *Faust* (v. 2023 und 2029), und die deutsche Titelsucht, die schon seinen Vater veranlaßt hatte, sich für 313 Gulden den Titel «Rat» zu kaufen, stak auch ein wenig im jungen Goethe.

Er sollte nach dem Wunsch des Vaters sein – übrigens wenig planmäßiges und konventionelles – Jurastudium in Straßburg mit dem Titel «Doctor utriusque iuris» (Doktor beider Rechte, d. h. des weltlichen und kirchlichen Rechts) abschließen. So reichte er im September 1770 eine (verschollene) Dissertation *De legislatoribus* (Über die Gesetzgeber) ein. Diese wurde jedoch wegen einiger rousseauistischer und freigeistiger Thesen – das Christentum stamme nicht von Christus her u. a. m. – von der Fakultät abgelehnt. Auf Rat des Dekans erstrebte und erzielte Goethe daraufhin 1771 mit einer mündlichen Disputation zwar nicht die Doktorwürde, doch das (niedrigere) juristische Lizenziat. Da der Rang der Titel je nach Universität oder Land unterschiedlich war, ließ sich Goethe nach der Rückkehr nach Frankfurt und in Weimar mit dem angeblich gleichwertigen Doktortitel anreden, gebrauchte ihn aber nicht selbst. Zum echten Doktor wurde er erst über ein halbes Jahrhundert später, als ihn die Universität Jena 1825 zum Ehrendoktor der Philosophie und Medizin, nicht des Rechts, machte. Goethe hatte also, wenn auch passiv, ein wenig vorgegriffen, aber er brauchte den Titel nicht zum gleichen Zweck wie Mephisto...

27. Wie verlief Goethes militärische Karriere?   Sie verlief sich sehr rasch, und zwar im Sande, denn Goethe war nicht zum Militär geboren. Eines der wenigen Fachgebiete, auf denen er gar keine Ambitionen hatte, keine Vorkenntnisse mitbrachte und keine Erkenntnisse sammeln wollte, war das Militär- und Kriegswesen, das sich vom grünen Tisch aus, aber auch sonst, schwerlich verstehen läßt. Grund genug, ihn später zum Kriegskommissar zu machen.

Goethe war von Jugend auf ein Kriegsgegner. Gewalt und Krieg waren ihm ein Greuel, das Elend der kleinen Leute und das törichte

Treiben der Großen ekelte ihn; er fürchtete «das wilde Geschick des allverderblichen Krieges» (*Hermann und Dorothea* V, 96 f.) und zog früh das Fazit: «Unsre modernen Kriege machen viele unglücklich indessen die dauern, und niemand glücklich, wenn sie vorbei sind.» (*Italienische Reise* III, 6. 9. 1787)

Dabei kam er seit seiner Kindheit häufiger, früher und näher, als ihm lieb war, mit Krieg und Kriegsgeschrei in Berührung. Im Zuge des Siebenjährigen Krieges wurde Frankfurt 1759–63 von französischen Truppen besetzt, und sein Elternhaus erhielt Einquartierung durch den französischen Königsleutnant Thoranc. Auch in Weimar gelang es ihm nicht, das Kriegswesen zu vermeiden: 1779–86 bestellte der Herzog ausgerechnet ihn zum Leiter der Weimarer Kriegskommission, die für die Rekrutenaushebung zuständig war. 1790 folgte er sehr wenig freiwillig dem Ruf seines Herzogs zu Truppenmanövern auf preußischer Seite ins Schlesische Feldlager, doch wurde der Konflikt – allerdings nicht wegen Goethes Anwesenheit – ohne Kampfhandlungen in der Konvention von Reichenbach beigelegt.

Ebenso unwillig – denn in Weimar wartete Christiane – begleitete er 1792 seinen Herzog im Feldzug des Ersten Koalitionskrieges gegen ein französisches Revolutionsheer nach Verdun und bis zur Kanonade von Valmy, wo er die historisch unrichtigen Worte gesprochen haben soll: «Von hier und heute geht eine neue Epoche der Weltgeschichte aus, und ihr könnt sagen, ihr seid dabei gewesen.» (*Campagne in Frankreich* 19. 9. 1792) Kaum ein Jahr später, 1793, folgte er seinem Herzog zur Belagerung und Entsetzung des von Franzosen und Revolutionären gehaltenen Mainz *(Belagerung von Mainz)*. 1806 erlebte Goethe noch die deutsche Niederlage bei Jena und Auerstedt und die Plünderung Weimars durch französische Truppen.

Als dann 1813 die Befreiungskriege einsetzten, war sein Bedarf an Kriegsgeschichte erfüllt; er verfolgte sie kühl und wenig begeistert, verbot seinem Sohn August die Teilnahme und hatte nur Spott für allen patriotischen Eifer. Er lehnte es auch ab, hurrapatriotische Kriegslieder zu verfassen: «Kriegslieder schreiben und im Zimmer sitzen! – Das wäre meine Art gewesen! ... Bei mir aber, der ich keine kriegerische Natur bin und keinen kriegerischen Sinn habe, würden Kriegslieder eine Maske gewesen sein, die mir schlecht zu Gesicht gestanden hätte.» (zu Eckermann 14. 3. 1830) War das nun eine unmilitärische Karriere oder eine militärische Unkarriere?

28. Was wissen wir von Goethes letzten Tagen? Der Tod eines nahen Verwandten oder Freundes ist ein so ergreifendes und erschütterndes Erlebnis, daß die dabei Anwesenden in einer hochgradig emotionalen Bewegung, innerlich beschäftigt mit Erinnerungen, Sorge, Schmerz und Trauer, die realen Vorgänge oft entweder nicht voll wahrnehmen oder erst im Nachhinein zu rekonstruieren versuchen. Bei Goethes Tod war das nicht anders, so daß letzte Zuverlässigkeit in Detailfragen nicht mehr erreichbar ist.

Das Ende eines 82 Jahre währenden langen, reichen, tätigen und erfüllten Lebens kam unerwartet, überraschend und dauerte dennoch eine ganze Woche. Goethe hatte zwar in seinen Werken viele Figuren bis zum Tod begleitet und sterben lassen, doch unterscheidet sich das literarische Sterben bekanntlich in einem wichtigen Punkt vom eigenen Tod. Den Gedanken an dessen Möglichkeit hatte Goethe wie ein Tabu aus seinem Gesichtskreis und Gespräch verbannt, auch wenn er ihm bei mehreren schweren Krankheiten nahe gestanden hatte.

Mitte März 1832 befand sich Goethe noch bei voller körperlicher und geistiger Gesundheit. Am 15. März empfing er als Gäste die Großherzogin Maria Paulowna und Achim von Arnim und machte eine Spazierfahrt. Doch schon am 16. März fühlte er sich unwohl, hatte sich wohl bei der Spazierfahrt oder beim Wechsel von warmen in kalte Räume eine Erkältung zugezogen und verbrachte den Tag mit heftigem Katarrhfieber und großer Mattigkeit im Bett. Am 17. bis 19. März ging es ihm scheinbar besser, er stand auf und schrieb am 17. seinen letzten Brief (an Wilhelm von Humboldt). In der Nacht zum 20. litt er unter Schüttelfrost und am 20. wohl an einem Herzinfarkt mit Katarrh der oberen Luftwege, gefolgt von schweren Angstzuständen und am 21. zeitweiser Bewußtlosigkeit. Der Tod traf ihn, der im Schlafrock und Filzpantoffeln im Lehnstuhl seines Schlafzimmers saß, am 22. März 1832 gegen 11.30 Uhr vormittags schmerzlos als ein sanftes Erlöschen in Anwesenheit von Ottilie, C. W. Coudray und Dr. Carl Vogel, während die Enkel und Freunde im Nebenzimmer bangten. Über Goethes letzte, oft ins Erhabene idealisierte Worte gehen die Aussagen auseinander (siehe: Welches waren Goethes letzte Worte?). Am 23. März zeichnete Friedrich Preller das weitverbreitete letzte Porträt Goethes («Goethe auf dem Totenbett»).

Die sterblichen Überreste wurden am 26. März in der Vorhalle des Hauses am Frauenplan öffentlich aufgebahrt. Eckermann sah und beschrieb ihn: «Auf dem Rücken ausgestreckt, ruhte er wie ein Schlafender; tiefer Friede und Festigkeit walteten auf den Zügen seines erhaben-edlen Gesichts. Die mächtige Stirn schien noch Gedanken zu hegen.»

Am gleichen Tag nachmittags um 5 Uhr wurden sie durch einen unübersehbar langen Trauerzug unter dem Geläut aller Glocken zur klassizistischen Weimarer Fürstengruft auf dem Neuen Friedhof geleitet und dort in einem Eichensarkophag an der Seite Schillers und Carl Augusts beigesetzt. Die Trauerworte sprach Generalsuperintendent J. F. Röhr.

Nach Eckermann (2. 5. 1824) war für Goethe «unser Geist ein Wesen ganz unzerstörbarer Natur; es ist ein fortwirkendes von Ewigkeit zu Ewigkeit.»

29. Welches waren Goethes letzte Worte?   Der Tod ereilte Goethe am 22. März 1832 gegen 11.30 vormittags im Lehnstuhl als ein sanftes Erlöschen nach einwöchiger Krankheit infolge einer Erkältung. Im Sterbezimmer anwesend waren die Schwiegertochter Ottilie, der Architekt C. W. Coudray und der Arzt Dr. Carl Vogel, im Nebenzimmer die Enkel und Freunde: Kanzler Friedrich von Müller, der Naturwissenschaftler Frédéric Soret, Eckermann, Sekretär Kräuter und Bibliothekar Riemer. Wie bei jeder Katastrophe gab es bei vielen Zeugen ebensoviele verschiedene Versionen von Goethes letzten Worten. Nur die legendäre populäre Form «Mehr Licht!» wird in dieser Kurzform von keinem Zeugen bestätigt. Kanzler von Müller hörte «Macht doch den zweiten Fensterladen in der Stube auch auf, damit mehr Licht hereinkomme.» Soret verstand «Frauenzimmerchen! Frauenzimmerchen! Gib mir dein Pfötchen.» Kräuter hörte nur seinen Namen mit der Bitte um ein Nachtgeschirr.

Vielleicht darf man einem großen Geist auch mehrere letzte Worte zubilligen. Dem Goethefreund bleibt nach persönlichem Geschmack die Wahl zwischen pathetisch-idealisiertem Lichtruf, familiär-väterlichem Kosewort und notdürftigem Appell.

Die Familie, Vorfahren und Nachkommen

30. Wer war vor Goethe?   Obwohl zweifellos eine eminente Persönlichkeit und Geistesgröße, hatte Goethe dennoch nicht mehr Vorfahren als jeder andere

Durchschnittsbürger, und auch seine Großeltern haben keinen Anspruch auf besondere Größe. Einen Ahnenkult deutscher Art und Ahnenforschung hat Goethe nie getrieben; im Gegenteil berichtete er sehr wenig über seine Vorfahren und kümmerte sich kaum um die nähere und fernere Verwandtschaft.

Goethes Großeltern väterlicherseits stammten aus Thüringen. Der Großvater Friedrich Georg (1657–1730), Sohn eines Hufschmieds, ergriff ein zarteres Handwerk und wurde Damenschneider, lernte in Lyon und Paris, kam 1686 nach Frankfurt, heiratete 1705 in zweiter Ehe die reiche Witwe eines Gasthofbesitzers Cornelia Schellhorn, geb. Walther (1668–1754) und übernahm den vornehmen Gasthof «Zum Weidenhof» mit Weinhandel. Obwohl kein «Frankfurter Patrizier», wie Goethe wollte, hinterließ er seinem Sohn ein Kapital von 90 000 Gulden.

Dieser, Goethes Vater Johann Caspar (1710–1782), verlebte seine Kindheit im Gasthof, erhielt eine sorgfältige Erziehung, studierte 1730–35 auf Wunsch des Vaters Jura in Gießen und Leipzig, promovierte 1738 zum Dr. jur. und unternahm 1740/41 eine längere Studienreise nach Italien, die er auf italienisch beschrieb. Als ihm Frankfurt nach seiner Heimkehr selbst einen ehrenamtlichen Posten in der Stadtverwaltung verweigerte, kaufte er sich verärgert für 313 Gulden den Titel eines Kaiserlichen Rats (ohne Amt), zog sich zu seinen Liebhabereien, besonders Bilder- und Büchersammlungen, ins Privatleben zurück und heiratete 1748 Catharina Elisabeth, geb. Textor (1731–1808), Goethes Mutter. Es war ein ehrenfester, ehrgeiziger, doch geselliger barocker Universalist und strenger Erzieher, dem der Sohn anfangs in kindlicher Liebe und Respekt zugeneigt war. Späterhin distanzierte Goethe sich von väterlichen Disziplinierungsversuchen und Meinungsverschiedenheiten über Studienort und Studienfach und der Pedanterie, Reizbarkeit und dem Starrsinn des Vaters, der Goethes Verlobung mit der «Staatsdame» Lili Schönemann nicht billigte und den «Fürstendienst» des Sohnes in Weimar ablehnte.

Goethes Vorfahren mütterlicherseits stammten aus Frankfurt aus einer alten, angesehenen Juristenfamilie. Der Großvater mütterlicherseits, Dr. jur. Johann Wolfgang Textor (1693–1771), dessen Vornamen Goethe erhielt, war ein Frauenheld, der nach einer Liebesnacht fliehend seine Perücke wie Kleists Dorfrichter Adam am Tatort zurückließ, ein Feinschmecker und zuvörderst Stadtschultheiß in Frankfurt. Er heiratete 1726 Anna Margarethe Lindheimer (1711–1783). Aus dieser Ehe stammt Catharina Elisabeth Textor (1731–1808), Goethes Mutter, die warmherzige, empfindsame Lebenskünstlerin mit pietistischen Neigungen und der halsbrecherischen Orthographie ihrer unverstellten Briefe, die auch den «Bettschatz» des Sohnes als Tochter annahm. Im Siebenjährigen Krieg gab es politische Spannungen und fast Tätlichkeiten zwischen den kaisertreuen Textors und Goethes preußisch gesinntem Vater.

Goethes Verse «Vom Vater hab' ich die Statur, / Des Lebens ernstes Führen, / Vom Mütterchen die Frohnatur / und Lust zu fabulieren.» (*Zahme Xenien* VI) beschreiben bis auf seine fehlende Frohnatur im Grunde richtig die körperlichen und geistigen Eigenschaften des Dichters und deren Herleitung.

31. Ist Goethes Frankfurter Elternhaus original? Es ist so original wie die heutige Dresdner Frauenkirche und etwas originaler als die Nachbildung von Goethes Gartenhaus in Weimar, die seinerzeit um die Welt geschickt werden sollte – nämlich gar nicht. Was heute in Frankfurt steht, ist nicht nur nicht Goethes Geburtshaus, sondern eine Kopie von seinem Elternhaus nach dem Umbau von 1755 und nur teilweise aus demselben Material wie dieses. Aber daran ist nun wirklich Goethe einmal nicht schuld.

Goethes Großmutter Cornelia Goethe war nicht im geringsten abergläubisch, als sie ausgerechnet am 1. April 1733 das Haus am Großen Hirschgraben 23 erwarb, das eigentlich aus zwei verbundenen, doch ursprünglich verschiedenen gotischen Fachwerkhäusern aus der Zeit um 1600 bestand und zwei verschiedene Geschoßebenen, enge Treppen und dunkle Winkel besaß. Sie bewohnte dieses Haus mit ihrem Sohn Johann Caspar, dem Vater Goethes, bis zu ihrem Tod 1754, und in ihm wurde 1749 der Dichter geboren. 1755 ließ der Vater die beiden Häuser auf einer Ebene mit großzügigen Räumen, breiten Treppen, Gitterkörben vor den Erdgeschoßfenstern und einer gediegenen, einheitlichen Fassade zu einem stattlichen Patrizierhaus umbauen. Hier lebte Goethe im Mansardengiebelzimmer des dritten Geschosses, abgesehen von Studienjahren und Reisen, bis zur Abreise nach Weimar 1775.

1795 verkaufte die Mutter mit seiner Einwilligung das Haus, das nach verschiedenen Besitzern 1863 durch Dr. O. Volger vor einem neuen Umbau gerettet und dem Freien Deutschen Hochstift übereignet wurde. Es wurde in den Zustand von 1756 zurückversetzt, mit

Abb. 3 Goethes Geburtshaus in Frankfurt a. M. Aquarell von L. Thiénon. 1851.

authentischem Mobiliar ausgestattet und als Geburtshaus Goethes der Öffentlichkeit zugänglich gemacht. Leider nicht für lange: 1944 wurde es durch Brandbomben völlig zerstört, dann 1946–51 mit teilweiser Verwendung des alten Materials originalgetreu wieder aufgebaut und mit dem ausgelagerten Mobiliar eingerichtet. Weitere Anschlußbauten für Verwaltung und Bibliothek u. a. m. um den Hof verstellen seit 1994–97 den Ausblick.

Auch wenn das Haus nicht dasselbe ist, in dem Goethe lebte, ist der Mut zur Wiederherstellung und Erhaltung doch derselbe, der diese wichtige Dichterstätte über die Zeiten zu bewahren versucht hat.

32. Wie funktionierten Goethes Hausstand und Familienleben?
Vielleicht funktioniert ein Familienleben immer dann am besten, wenn man noch keine Familie ist; die Probleme beginnen erst mit dem Hausstand unübersichtlich zu werden.

Bis 1788 führte Goethe im Gartenhaus einen Junggesellenhaushalt in Wohngemeinschaft mit dem aus Frankfurt mitgebrachten Diener Philipp Seidel, zeitweise auch mit Peter im Baumgarten und Fritz von Stein, dazu kamen eine Köchin und ein zweiter Diener. Der Hausstand erweiterte sich erst 1788, als Christiane Vulpius in einer

«Gewissensehe» erst im Jägerhaus, dann im Haus am Frauenplan Tisch und Bett mit ihm teilte und dazu auch 1789 den ersten Sohn August und zwei Verwandte als Hausgenossen mitbrachte, die Tante Juliane und die Stiefschwester Ernestine, die 1792–1806 auch mit ins Haus am Frauenplan zogen. Der Kreis der Hausgenossen erweiterte sich 1791–1802 um Johann Heinrich Meyer und 1803–12 um Friedrich Wilhelm Riemer, den Lehrer Augusts und Sekretär Goethes, ferner als Hilfskräfte um mehrere Diener, Schreiber, Rechnungsführer, Privatsekretäre, eine Gesellschafterin für Christiane, Hausmägde, Kammerjungfer, Kindermädchen, Kutscher, Hausknecht, tageweise auch Waschfrau, Gärtner usw. und als unbesoldete Hilfskraft fast täglich J. P. Eckermann.

Nachdem Christiane 1806 Goethe und sein Haus mit Energie gegen französische Soldateska verteidigt hatte, begann mit der Heirat erst eigentlich eine rechte Familie. August war schon 1801 legitimiert worden. Wie zuvor führte Christiane mit viel Schwung und Trubel den gesamten Haushalt, hatte allerdings Probleme im Umgang mit dem Geld und überzog mitunter das Budget, so daß Goethe weiterhin genaue Rechnungsbücher von allen Angestellten verlangte. Ein weiteres Problem waren Jubel und Trubel der Hausgenossen. Christiane hatte keinen Sinn für die zu geistiger Arbeit nötige Stille und Zurückgezogenheit, und Goethe fand im weitläufigen Haus keinen störungsfreien stillen Winkel zum Arbeiten, bis er die rechten Hinterzimmer für sich, die linken für Christiane reservierte oder sich zu konzentrierter Arbeit auf Reisen – oft jährlich 3 bis 4 Monate – oder ins Gartenhaus zurückzog. Doch Weimar hoffte vergeblich auf eine Trennung des Paares und hätte Goethe gern in glücklichem Familienleben an der Seite einer ihm ebenbürtigen Gattin statt des «Bettschatzes» (Frau Rat Goethe) gesehen. Daran änderte auch der Tod Christianes 1816 nichts, der Goethe schwer traf: «Leere und Totenstille in und außer mir.» (Tagebuch 6. 6. 1816)

Doch 1817 heiratete August Ottilie von Pogwisch, bezog die Mansardenwohnung des Hauses mit ihr und bald drei Kindern, kam für die privaten Kosten seiner Familie auf und regelte im Auftrag des Vaters viele kleinere Angelegenheiten. Um diese Zeit lebten drei Generationen Goethe im Haus als eine Familie. Nach Augusts Tod 1830 blieb Ottilie mit den Kindern und ihrer jüngeren Schwester Ulrike im Haus, kümmerte sich ein wenig um den Haushalt und besorgte oder leistete dem Dichter stets willkommene Gesellschaft. Mit Goethes

Tod und ihrem Wegzug erlosch die hohe Zeit des Goethehauses am Frauenplan.

33. Wie kleinlich war Goethes Haushaltsführung?

In finanziellen Dingen ließ Goethe nicht mit sich spaßen, weder von seiner Familie und den Angestellten noch von seinen Verlegern. Großzügigkeit und gelegentliche Zuwendungen waren durchaus möglich, aber zuerst mußte die Kasse stimmen. Eine Fülle von erhaltenen Rechnungen, Quittungen und penibel geführten Haushaltsbüchern dokumentiert die Genauigkeit der Rechnungslegung und, interessanter noch, die Art der Einnahmen und Ausgaben in verschiedenen Epochen seines Lebens als Quelle für die Lebensführung; so z. B. verschlang der Wein einschließlich Fracht und Steuern in einigen Jahren etwa 20 Prozent der Einnahmen.

Im Junggesellenhaushalt des Gartenhauses führte Goethes Diener Seidel die Geschäfte und verzeichnete die Ausgaben in festen Kategorien: Geschenke / Wäsche / Porto / Möbel und deren Pflege / Kleidung / Extraordinaria / Gesinde / Keller (Wein) / Kerzen / Küche. Daneben führte er ein Steuerbuch und ein genaueres Küchenbuch für Lebensmittel und deren Verwendung, auch aus dem Hausgarten und dem Krautland oder Fleisch (Schwein) und Geflügel aus dem Landgut Oberroßla.

Auch Christiane, die vierteljährlich ein Wirtschaftsgeld erhielt, führte später von Goethe kontrollierte Ausgabenbücher. Als August nach ihrem Tod die Haushaltsführung übernahm, gliederte er die Ausgaben in 15 Bereiche: Persönliches / Haushaltung / Wäsche / Gäste / Wein / Holz / Bedienstete / Livrées (Uniformen) / Kutsche und Pferde / Hausreparaturen / Instandsetzung und Erhaltung des Inventars / Garten / Almosen / Abgaben, Steuern / Insgemein (?).

Erst eine so wohlorganisierte Buchführung über die Haushaltskosten konnte als Basis für Goethes schriftstellerisches Lebenswerk dienen und ihn für höhere Aufgaben freisetzen, denn: «Wenn die Prosa abgetan ist, kann die Poesie umso lustiger gedeihen.» (zu J. B. Bertram 1815)

34. Wie stand Goethe zum Adel?

Auf Antrag des Herzogs Carl August vom 25. 3. 1782 wurde Goethe von Kaiser Joseph II. mit einem am 10. 4. 1782 ausgestellten Adelsdiplom, das er am 3. 6. 1782 erhielt, als «von Goethe» in den erblichen Reichsadelsstand erhoben und erhielt als Wappen den seit 1775 bewunderten sechsstrahligen silbernen Morgenstern. Goethe nahm die Ehrung, die ihm als Standesperson auch die engeren höfischen Kreise um den Herzog öffnete und diplomatische Vorteile brachte, ihn übrigens auch 362 Taler kostete, mit Gelassenheit und fast Überheblichkeit auf: «Ich will nun just eben nicht damit prahlen, aber es war so und lag tief in meiner Natur: ich hatte vor der bloßen Fürstlichkeit als solcher, wenn nicht zugleich eine tüchtige Menschennatur und ein tüchtiger Menschenwert dahintersteckte, nie viel Respekt ... Als man mir das Adelsdiplom gab, glaubten viele, wie ich mich dadurch möchte erhoben fühlen. Allein, unter uns, es war mir nichts, gar nichts! Wir Frankfurter Patrizier hielten uns immer dem Adel gleich ...» (zu Eckermann 25. 9. 1827). Erst Jahre später unterschrieb er mit «von Goethe» und nahm, sobald es seine Mittel erlaubten, allmählich aristokratische Lebensformen an.

Goethes Haltung zum Adel wandelte sich mit zunehmender Reife von anfänglicher Kritik aus der Figurenperspektive, etwa im Spott *Werthers* und der *Lehrjahre* auf die Lebensuntüchtigkeit des Adels, «glänzendes Elend, Langeweile, Rangsucht, hohles Zeremoniell», zur Darstellung seiner Probleme und einer Anerkennung einer hochmutfreien Elite und ihrer Leistung als ein auf Dauer und Ordnung abzielendes Prinzip mit der Verpflichtung zum Dienen an der Gesellschaft (zu Riemer 13. 8. 1809). Goethes Sympathie und Lob für die einfachen Leute wurde dadurch keineswegs eingeschränkt. Die Verpflichtung zur Übernahme von Verantwortung und zum Einsatz seiner Privilegien für das Gemeinwohl gab dem Adel seine Existenzberechtigung und bewahrte seinen Rang. Es spricht für den politischen Weitblick und die Toleranz Goethes, daß in seinem Werk alle möglichen Haltungen zum Problem des Adels Niederschlag finden.

35. Was führte Goethe im Schilde? Im Schilde führte der Ritter seit dem Mittelalter ein erkennbares und zur Identifizierung geeignetes Bild, das auch auf Petschaften, Siegeln, Siegelringen u. ä. getragen wurde. Es stand zunächst als Familienwappen dem Adel zu und wurde bei der Nobilitierung mit dem Adelsbrief verliehen. Seit dem späteren Mittelalter legten sich auch zunehmend bürgerliche Familien ein beliebiges und rechtlich nicht geschütztes Wappen zu. So zeigte das Wappen der Familie Textor einen Mann mit gezücktem Schwert, das der Familie Goethe nach der Wahl von Goethes Vater drei gestaffelt aufsteigende Leiern. Das Haus am Großen Hirschgraben hieß nach dem über der Haustüre angebrachten Wappen mit drei Leiern das «Haus der drei Leiern».

Johann Wolfgang Goethe führte dieses auf den Handwerkerstand der Vorfahren verweisende Wappen nirgends. Mit der Erhebung in den Adelsstand 1782 gewann er das Recht, ein adliges Wappen zu führen. Er hatte bereits zu Weihachten 1775 zu Carl August von einem «herrlichen Morgenstern» als Wappenbild geschwärmt. Einen solchen Entwurf fügte Carl August dem Vorschlag zur Nobilitierung nach Wien bei. Es zeigt einen blauen Schild mit silberner Einfassung und in der Mitte einen sechsstrahligen silbernen Morgenstern.

Es ist mit dem Aussterben der Familie erloschen. Seit dem Ende der Monarchie hat der Staat keinen Einfluß mehr auf die Wappenführung.

36. Was geschah mit Goethes Nachkommen? Das Schicksal von Goethes Nachfahren ist ein betrübliches Kapitel der deutschen Geistesgeschichte: Sie erbten zwar den berühmten Namen, nicht aber die Begabung, und fanden daher, als man das herausfand, weniger Beachtung. Wer oder was dabei versagt hatte, ist keine Frage literarhistorischer Spekulation, sondern ein Thema der Humanbiologie und der Genetik. Auch die Kindersterblichkeit war erstaunlich hoch.

Aus der eheähnlichen Verbindung Goethes mit Christiane Vulpius gingen vier (außereheliche) Kinder hervor: August (1789–1830), eine Totgeburt (1791), Carolina (1793), Carl (1795) und Kathinka (1802), von denen die letzten drei nur wenige Tage oder Wochen überlebten.

August, der erstgeborene Sohn, bildet einen Musterfall für die Tragödie der «Söhne». 1800 legitimiert, geliebt und verwöhnt, «ein hübsches, ein liebes Kind, possierlich, gescheit und brav» (Charlotte von Stein an Fritz von Stein 2. 1. 1787), erhielt er Privatunterricht, ab 1803 durch Riemer, dann 1805–08 im Gymnasium, studierte 1808–10, vom Vater ferngelenkt, Jura in Heidelberg und Jena, brachte jedoch nicht die nötige Energie auf, sich aus dem Abhängigkeitsverhältnis vom dominierenden Vater zu lösen oder dessen Anforderungen zu entsprechen. Väterliche Protektion ebnete dem gutaussehenden, ernsten jungen Mann mit seinen tadellosen Manieren eine Beamtenkarriere am Weimarer Hof, wo er seit 1823 als Geheimer Rat in der Finanzverwaltung und Gehilfe des Vaters in der «Oberaufsicht» wurde, den Vater öfter in offiziellen Funktionen vertreten konnte und mit seinem peinlichen Ordnungssinn und seiner Zuverlässigkeit die Akten und Sammlungen Goethes und ab 1815 auch dessen Finanzen betreute. Bei Christianes schwerem Tod war er des Vaters «einzig haltbarer Punkt in dieser Verwirrung» (Goethes Tagebuch 5.6.1816). Seine Heirat (1817) mit der intelligenten, doch exaltierten Ottilie von Pogwisch, die mit in die Mansardenwohnung am Frauenplan zog, scheiterte an der Unvereinbarkeit der Temperamente, Ottilies Liebesschwärmerei und ihrer Enttäuschung über Augusts Pedanterie und seinen Alkoholismus, der zu Leberzirrhose führte. August war den Anforderungen an ihn bald nicht mehr gewachsen. Eine als Erziehung zur Selbständigkeit gedachte Italienreise (1830) führte statt dessen zum Tod des körperlich und geistig Erkrankten. Er wurde in Rom auf dem protestantischen Friedhof bei der Cestius-Pyramide beigesetzt.

Ottilie von Goethe (1796–1872), geborene Freiin von Pogwisch, Augusts Frau, stammte aus altem, adelsstolzem, doch verarmtem Hause; ihre Mutter war eine geborene Gräfin Henckel von Donnersmarck. Nach dem finanziellen Ruin des Vaters wuchs sie bei wechselnden Verwandten, schließlich in Weimar in einer Mansarde des Fürstenhauses und im Nachbarhaus von Goethes Gartenhaus recht undiszipliniert auf und entfaltete mehrere romantische Liebesschwärmereien, die sich bald in Luft auflösten. «Liebenswürdig, unerträglich, verrückt, geistreich wie eh und je» nannte Johanna Schopenhauer sie. Vor der Alternative einer Hofdamenexistenz zog sie trotz Einspruchs der Großmutter Gräfin 1817 die Ehe mit dem ihr seit Jahren bekannten August vor, zog mit ihm in die Mansardenwohnung am Frauenplan und gebar ihm drei Kinder: 1818 Walther, 1820 Wolfgang und 1827 Alma, stellte jedoch durch ihre Launen und erotischen Eskapaden die anfangs glückliche, doch problematische Ehe und die Geduld Augusts auf harte Proben, bis August die Fluchtreise nach Italien und in den Tod unternahm. Goethe schätzte die Anmut, Heiterkeit und Phantasie der jungen Frau, die sich gern seine Tochter nannte, förderte ihr schmales literarisches Talent, behandelte das «Töchterchen» mit Zuneigung, Verständnis und Rücksicht und genoß die Fürsorge für ihn, den Haushalt und die Geselligkeit, ihre Hilfe als Gesprächspartnerin und Vorleserin sowie ihre Begabung, unliebsame Besucher abzuwimmeln. Nach Goethes Tod nicht mehr Mittelpunkt der Gesellschaft, verlor sie das Gleichgewicht, knüpfte als unruhige Abenteuerin verflossene Liebschaften wieder an, die ihrer Leidenschaft auswichen, siedelte zeitweilig nach Wien über und führte ein unstetes,

Abb. 4 Christiane und August. Aquarell von J.H. Meyer. 1792.

inhalts- und ruheloses Leben auf Reisen, verschwendete sorglos das Vermögen und Erbe ihrer Kinder, gebar eine uneheliche Tochter und kehrte 1870 in die Mansardenwohnung am Frauenplan zurück. Ihr unabhängiger Lebensstil gab Anlaß zu unterschiedlichen Charakteristiken vonseiten der Zeitgenossen und kollidierte mit den Publikumserwartungen an eine Frau «von Goethe».

Für die Kinder von August und Ottilie, die ihre heitere Jugend im Haus und Garten am Frauenplan verlebten, geliebt von den Eltern und gehätschelt vom Großvater, brach mit dessen Tod 1832 eine Welt zusammen. Aus den heiteren, anmutigen und lebendigen Kindern wurden gehemmte und scheue Wesen, Hypochonder, schwach an Talent, Vitalität und Energie, resignierend, durch die Affären der

Mutter beschämt und den Erwartungen der Öffentlichkeit nicht gewachsen, blieben sie unverheiratet und zogen sich vor der Öffentlichkeit zurück.

Walther (1818–1885), der Älteste, war zart, schwächlich, kränklich, phantasievoll und depressiv, jedoch nach außen kultiviert und vornehm. Er studierte bei F. Mendelssohn, C. Loewe und anderen Musik, komponierte Lieder und drei Opern, von denen die einzig aufgeführte nur kühle Beurteilung fand, und publizierte anonym einen Novellenband, scheiterte aber auch damit. 1853 von seinem Jugendfreund Herzog Carl Alexander zum Kammerherrn ernannt und Berater des Herzogs in literarischen und Kunstfragen, zog er sich nach dem finanziellen Ruin der Mutter mit Goethes Nachlaß in die Mansarde zurück, verwaltete den Familienbesitz und rettete damit das literarische Erbe und den Nachlaß Goethes vor Zerstückelung. Als letzter lebender Nachkomme und Erbe Goethes übertrug er 1885 testamentarisch den literarischen Nachlaß Goethes der Großherzogin Sophie und die Immobilien und Sammlungen dem Staat Sachsen-Weimar. Damit ermöglichte er Pflege und öffentlichen Zugang zum Nachlaß. Mit seinem Tod erlosch die Familie Goethe.

Wolfgang (1820–1883), Goethes zweiter Enkel, groß und schlank, wuchs ebenfalls in Goethes Nähe auf und war dessen liebenswürdiges «Wölfchen». Nach Unterricht bei Privatlehrern und auf dem Gymnasium studierte er 1839–45 an verschiedenen Universitäten Jura und Philologie und promovierte 1845 zum Dr. iur. In den Spuren des Großvaters veröffentlichte er einige Prosa und Gedichte, gab aber nach deren Erfolglosigkeit literarische Publikationen auf, zumal neuralgische und rheumatische Schmerzen seine Leistungsfähigkeit einschränkten. 1852–60 war er preußischer Legationsrat in Rom und Dresden und wurde 1859 Freiherr, gab aber 1860 krankheitshalber den Dienst auf und widmete sich, meist in Wien und Italien lebend, historischen Studien und Publikationen aus Goethes Nachlaß. Nur die Krankheit hinderte ihn an der vollen Entfaltung seiner wissenschaftlichen Fähigkeiten. 1870 lebte er wieder in Weimar, 1879–83, von einem Pfleger betreut, in Leipzig.

Alma (1827–1844), die jüngste «allerliebste» Enkelin, wird als munter, naiv, leicht frivol, einfach und geistlos geschildert. Grillparzer, der sie in Wien kannte, sprach mit dem charmanten Wiener Schmäh von «ihrer gar so großen Einfachheit, um nicht zu sagen Einfalt». Sie lebte in Weimar und seit 1839 meist mit der Mutter bei der Großmutter in Wien, kehrte jedoch so oft als möglich in den Kreis ihrer Freundinnen nach Weimar zurück.

Von keinem der Kinder und Enkel Goethes hätte man viel Aufhebens gemacht, wären sie nicht Kinder und Enkel des Dichters.

37. Was stand in Goethes Testament? Goethe schrieb zwei Testamente, also einen vorletzten «Letzten Willen» und einen letzten «Letzten Willen», die durch die familiäre Situation bedingt waren. Zuvor hatte Goethes Mutter auf seine Bitte 1797 auf ihre Erbrechte, das Pflichtteil und das Beerbungsrecht, verzichtet, so daß er über das gesamte Gut und Vermögen verfügen konnte.

Das erste Testament setzte Goethe am 24. Juli 1797 vor der geplanten dritten Italienreise auf, hinterlegte es bei der Regierung in Weimar und ergänzte es am 4. Juli 1800 durch ein Kodizill über das 1798 erworbene (und 1803 wieder verkaufte) Gut Oberroßla. Es setzte seinen damals achtjährigen, «mit meiner Freundin und vieljährigen Hausgenossin, Christianen Vulpius, erzeugten Sohn August zu meinem Universalerben» ein und garantierte der damals noch nicht verheirateten Christiane das Nutzungsrecht («Nießbrauch») des gesamten Erbes auf Lebenszeit. Dieses Testament wurde durch den Tod Augusts (1830), Christianes Eheschließung mit Goethe (1806) und deren Tod (1816) überflüssig.

Es wurde durch ein zweites Testament vom 6. Januar 1831 ersetzt, das Goethe mit Kanzler von Müller als Testamentsvollstrecker ausfertigte und mit zwei Nachträgen über literarische Werke, Honorare und literarischen Nachlaß vom 22. 1. und 15. 5. 1831 einreichte. Nunmehr sollten die drei Enkel Walther, Wolfgang und Alma bei ihrer Volljährigkeit zu gleichen Teilen Universalerben sein und die Schwiegertochter Ottilie bis zur eventuellen Wiederverheiratung (oder Tod, was immer zuerst eintraf) freie Wohnung im Haus am Frauenplan und eine Rente für sich und ihre noch nicht volljährigen Kinder erhalten. Kleinere Legate gingen an Sekretäre und Diener.

Eckermann wurde zum Herausgeber der nachgelassenen Werke (unter anderem *Faust* II) und Riemer zum Herausgeber des Briefwechsels mit Zelter bestimmt. Goethes Kunst- und naturwissenschaftliche Sammlungen wurden unter die Obhut des Bibliothekssekretärs Kräuter gestellt und sollten an eine (möglichst Weimarer) öffentliche Anstalt veräußert werden oder wie alle Manuskripte, die Bibliothek und der Haus- und Grundbesitz bis zur Volljährigkeit der Enkel unveräußert geschlossen aufbewahrt werden. Sie fielen später Walther von Goethe, dem letzten Goethe, zu, der sie 1885 testamentarisch dem Staat Sachsen-Weimar vermachte und damit den Weg zu ihrer öffentlichen Zugänglichkeit freigab.

Die Frauen und die Liebe

38. Wie hatte Goethe es mit der Liebe? Ein Artikel über die Liebe wäre hier müßig, wenn man Goethe und Liebe als identisch betrachtet. Wo Goethe die Feder ansetzt, ist die Liebe, das Hauptthema fast aller seiner Werke, schon gegenwärtig und führt ihm die Feder. Wo andere Dichter politische, soziale, christliche, historische, pädagogische oder abenteuerliche Themen wählen, mag die Liebe als Nebenthema auftauchen oder zu Werbezwecken aufgeklebt sein; bei Goethe ist es umgekehrt.

Mit Liebe sei hier nicht nur im modernen Sinn der körperliche Vollzug der Sexualität gemeint, sondern als Oberbegriff allgemein die große Triebkraft des Lebens in ihrer Vielfalt und ihren endlosen Varianten von Agape, Eros und Sexus, Sympathie, Sehnsucht und erster Verliebtheit oder reiner Seelenfreundschaft bis zur sinnlichen Erfüllung oder zum Liebesbetrug, ja bis zum urplötzlichen Abbruch einer Liebesbeziehung, z. B. wenn Goethe sich beengt oder in seiner Autonomie bedroht fühlte. Liebe kann alle Stufen von Glück und Qual, Flirt und Leidenschaft, Hoffnung und Verzweiflung, Hingabe und Irrtum, Not, Resignation und Entsagung bis zum Selbstmord durchlaufen. Bei Goethe findet sie Gestaltung, nicht in krass-realistischer Beschreibung körperlicher Details, sondern als etwas sehr Atmosphärisches, das hinter und über den Worten steht und sich nur mit Begriffen aus der Peripherie der Liebe fassen läßt, wo das geschriebene Wort auch in erotischen Versen jugendfrei sein sollte, weil es der Erhöhung des Gefühlslebens, nicht zu dessen Degradierung dient.

Diese Liebe ist allgegenwärtig in Goethes Lyrik vom Buch *Annette* und vom volksliedhaften *Heidenröslein* bis zum Sonett, in Gedichtzyklen wie *Römische Elegien, West-östlicher Divan, Trilogie der Leidenschaft* und Epen wie *Hermann und Dorothea*. Sie durchzieht das Romanwerk von *Werther* und *Lehrjahre* mit einer Abschwächung in den *Unterhaltungen deutscher Ausgewanderten* und den *Wanderjahren* und bricht wieder voll durch in den *Wahlverwandtschaften*, beginnt und schließt also mit Gestaltungen tragisch endender Leidenschaften. Auch im Drama kann sie Hauptmotiv sein wie in *Clavigo, Stella, Egmont, Tasso* und *Faust*, oder sie bleibt Nebenmotiv.

Selbst wenn sich die literarische Liebe nicht immer deutlich auf biographische Erlebnisse zurückführen läßt, haben Goethes meist unerfüllte Liebesverhältnisse seine kreativen Ideen in Gang gesetzt und in Zügen und Motiven seiner Dichtung – wenngleich nicht unbedingt direkten – Niederschlag gefunden; man denke an Gretchen, Käthchen Schönkopf, Friederike Brion, Charlotte Buff, Maximiliane von La Roche, Lili Schönemann, Charlotte von Stein, Christiane Vulpius, Minna Herzlieb, Silvie von Ziegesar, Marianne von Willemer und Ulrike von Levetzov. Sie legen Zeugnis dafür ab, daß Goethes Liebesdichtung nicht rhetorisch aus der Luft gegriffen und lehrbuchmäßig ausgearbeitet ist, sondern nicht zweckentsprechend gesuchte biographische Anregungen in Kunst umgestaltete. Dieses Ausgehen von einem privaten Erlebnis ins Allgemeingültige erhebt Goethes Liebeslyrik über den Anlaß und ermöglicht dem Leser jenes Mit- und Nachfühlen, das sie so beliebt machte.

Wenn man sich der Hypothese anschließt, daß Goethe bis zur Italienreise sexuelle Enthaltsamkeit geübt habe, ließe sich psychoanalytisch argumentieren, daß Goethes anfängliche Zurückhaltung vor sexuellen Beziehungen durch Überkompensation die Prädominanz des Liebesmotivs in seiner Dichtung hervorgerufen habe, indem die literarische Liebe für die reale Frauenliebe eintrat. Zum Verständnis der Dichtung ist damit jedoch wenig getan.

39. Wie hielt Goethe es mit dem Sex? Zugegeben, wenn Goethe so richtig schöne Laster gehabt hätte, so tät uns das schon interessieren. Rein vom Menschlichen her natürlich – oder unnatürlich. Aber bloß mit dem Sex und den Frauen und so, wen interessiert das noch. Nächste Frage!

Viele Bücher über Goethe kennen das Wort Sex gar nicht oder noch nicht. Viel gibt es darüber ohnehin nicht zu berichten: wenn es einigermaßen manierlich zuging, waren auch die Figuren vermutlich ziemlich gleichartig (aber nicht gleich artig) und bloße Wiederholungen, auch im Stil, unerläßlich.

Anders ist es mit der Liebe, aber von der ist hier nicht die Rede. Sie ist das Übergeordnete, und es scheint, daß für Goethe Sex ohne Liebe oder zumindest emotional bindende Sinnlichkeit nicht denkbar war. Das waren noch Zeiten! Die weitausufernde Literatur hat Goethe außereheliche, rein körperliche erotische Begegnungen, lies Penetrationen, nicht nachweisen können. Vielmehr hat sie aus den nichterfüllten Liebesbegegnungen mit seinen Freundinnen wie K. Schönkopf, F. Brion, Ch. Buff, L. Schönemann, Ch. von Stein, M. Willemer u. a. und dem Verhalten seiner literarischen Figuren auf persönlichen Verzicht auf Sex geschlossen, und zwar auch, wo wie bei Werther und Wilhelm Meister das Motiv der Ansteckungsfurcht nicht gegeben ist. Die Übertreibung dieser These behauptet, Goethe hätte prinzipiell nur solche Verhältnisse gesucht und in Freundschaften abgeschwächt, bei denen durch familiäre Verhältnisse oder anderweitige Paarbindung eine sexuelle Erfüllung ausgeschlossen war.

Goethe schwieg wie ein Gentleman und war in geschlechtlichen Fragen Außenseitern gegenüber so wenig offen, daß man die wenigen Fälle, wo er über Geschlechtsverkehr, hetero oder homo oder minus, schreibt, als reine tradierte Phantasien oder Versatzstücke im Stil der römischen Elegiker und Ovids, nicht als eigene Erlebnisse betrachten darf, sondern als Stilübungen mit herkömmlichen Themen. Andererseits besagt diese Erkenntnis aber auch, daß man sein Schweigen nicht unbedingt als Ausdruck des Nichtvorhandenseins, als Scham, Heuchelei oder Geheimnistuerei nehmen muß und zeitweise Abstinenz nicht aus Mangel an Gelegenheit oder der zugegebenen Angst vor Ansteckung erklären muß. Es scheint absurd, Goethe, der soviel Mensch war, wie er zugibt, ohne nähere Beweise auch noch übermenschliche Verhaltensweisen in Plus oder Minus anzudichten.

Was immer vorher geschehen sein mag oder nicht, es steht zu vermuten, daß Italien den 37jährigen von den Geboten seiner soziokulturellen höfischen Umwelt und von den eigenen Komplexen befreite und ihm durch eine Römerin den Zugang zu sexueller Erfüllung («die Freuden des echten nacketen Amors», *1. Römische Elegie*) eröffnet hat. Die Folge davon war, daß nach der Rückkehr nach Weimar die Begegnung mit Christiane zur Verblüffung aller vorher hofierten Damen erstaunlich schnell ins Sexuelle mündete und hier seelische Zuneigung und sexuelles Verlangen zusammengingen. Auch in reiferen Jahren führte Verliebtheit Goethe gelegentlich zu leidenschaftlichen Verhältnissen, die jedoch nicht ausgelebt, sondern rasch sublimiert und dann abgebrochen wurden, sobald sie bedrohliche Formen auf dem Weg zur körperlichen Liebe annahmen.

Auch homosexuelle Neigungen, die man Goethe gelegentlich andichtet, spiegeln nur wieder gleichgeschlechtliche Liebe im literarischen Werk mit tradierten Topoi wieder und zeigen schon durch die verbale Offenheit ihren rein imaginären, fiktiven Charakter an. Nur die Nichtbeachtung des Umstandes, daß Goethe, auch wenn er nicht schweigt, nicht autobiographische Tatsachen, sondern fingierte Imaginationen darstellt – nicht jeder Kriminalschriftsteller ist ja gleich ein Mörder –, hat die psychoanalytische Literaturforschung auf die Spur einer verspäteten oder mental blockierten Geschlechtsreife oder einer fast inzestuösen Schwesterbindung verleitet. Das sind waghalsige Deutungen der Texte, die ihrerseits wiederum Überkompensationen sexuellen Versagens sein könnten. Es wäre angeraten, solchen unbeantwortbaren Fragen, die nur von der Freude an Goethes Dichtung ablenken, nicht weiter Raum zu geben.

40. Schrieb Goethe etwa auch erotische Verse? Ja, freilich, aber sie sind nach heutigen Maßstäben so harmlos, daß sie beinahe in Schullesebüchern zum Thema Sexualerziehung stehen könnten oder vielleicht schon stehen. Trotzdem machen manche Werkausgaben und die Goethe-Literatur gern einen Bogen um sie, wohl in der Annahme, daß Goethes Erotica das Thema verfehlen oder daß sie für Leser nicht von Interesse sein können. Das einzige Falsche dabei war, daß man diese Verse auch als Beichte zu seiner Bekenntnisdichtung rechnete und sich schaudernd davon abwandte, was er angeblich erlebt hatte. Man war Goethe gegenüber so leichtgläubig oder so ungebildet zu glauben, daß er in diesen spielerischen Versen endlich einmal die volle Wahrheit sagte, und man wußte nicht – oder durfte es früher nicht wissen –, daß solche erotischen Verse und noch viel deutlichere eine lange Tradition seit der Antike hatten und daß Goethe hier auf den Pfaden der römischen Elegiker Catull, Tibull, Properz und Ovid, der französischen Anakreontik, des Abbate Casti und anderer wandelte und seine Themen am Wege pflückte, daß das Ich der Erotica nicht der Herr Geheimrat, sondern ein fiktiver Altplayboy ist und daß es Goethe nicht um die noch so schöne Wirklichkeit, sondern um ein Spiel mit Phantasiegebilden und vor allem mit den Möglichkeiten erotischer Sprachgestaltung ging.

In seinen Werken, in denen die Liebe so breiten Raum einnimmt, sind rein erotische Motive und Schilderungen sinnlichen Liebesgenusses selbst höchst selten. Frühe, leicht erotische Themen mit konventionellen Motiven aus der französischen Anakreontik zeigt schon das Buch *Annette* (1767) z. B. im Gedicht *Triumph der Tugend*. Die hier ganz zarte, galante Sinnlichkeit schlägt in den Farcen, Fastnachtsspielen und satirischen Jugenddramen wie *Hanswursts Hochzeit* (1775) in pubertäre, kraftgenialische Derbheiten und zotige Verbalerotik um, die später z. T. im derben Stil Mephistos wiederkehrt.

Die in Italien und durch Christiane freigesetzte Erotik fand dann eleganteren Ausdruck in den *Römischen Elegien* (1788), ursprünglich Erotica Romana genannt, spielerischen Fingerübungen in eroticis, wo die eigenen Erfahrungen mit vorgefundenen Traditionen besonders der römischen Elegiker verschlungen werden und das lyrische Ich nicht mit dem Autor identisch ist, so daß der angeblich autobiographische Anteil nicht herauslösbar ist, weil die erotische Unbefangenheit die Totalität des Lebens umfaßt. Immerhin unterdrückte Goethe bei der Publikation in den *Horen* (1795), von der Herder und Carl August abrieten, die deutlichsten Stellen und ließ zwei Elegien (ursprünglich III und IV) mit Anspielungen auf den Fruchtbarkeitsgott Priapus weg. (Lateinische *Bemerkungen zur Sammlung der Priapeia* schrieb Goethe 1790.)

Das stärkste Erotikon unter den Alterswerken ist die Verserzählung *Das Tagebuch* (1810), die im Anklang an Ovids *Amores* III, 7 in flüssigen Versen des Stils von G. Casti ein außereheliches erotisches Fiasko beschreibt: In einer «schwachen» Stunde versagt dem Reisenden seine Männlichkeit, jener Meister Iste (lateinisch = der hier), den Genuß einer bereitwilligen Schönen, erholt sich aber bei der Ehefrau wieder. Die Pointe ist, daß das vom Leser mit Spannung Erwartete genau nicht eintritt, so daß man von einem unerotischen Erotikon reden könnte. Auch hier stehen Form- und Verskunst und Humor ebenso fern von Pornographie wie von verklemmter Prüderie und gestalten mit Behagen die Selbstironie des Erzählers. Nur die Tatsache, daß das Gedicht lange sekretiert war, bis heute in vielen Werkausgaben fehlt und nur in «sündhaft» teuren Privatdrucken erhältlich war, nicht aber der hausbacken moralische Inhalt hat der Verbreitung des amüsanten Gedichts geschadet. Und das ist der einzige Schaden, den es angerichtet hat.

Übrigens schrieb Goethe nicht nur, sondern sammelte auch bildliche Erotika wie Stiche, Zeichnungen und Kleinplastiken. Klassiker und Genies sind eben keine moralischen Menschen – oder umgekehrt?

41. Welche Frauen spielten in Goethes Leben eine Rolle? Goethes Frauenbild schwankt auffällig zwischen den durch die Vorurteile der Männergesellschaft bestimmten, teils abfällig-despektierlichen Bemerkungen in seinen Gesprächen und den anmutig-seelenvollen, idealen Frauenfiguren in seinen Dichtungen. In der Mitte zwischen beiden Extremen mögen die realen Frauen stehen, denen Goethe im Leben begegnete und zeitweise nahestand, ohne über die Grenzen einer Seelenfreundschaft hinauszugehen. Das Folgende kann daher kein Leporello von Goethes Liebschaften sein. Goethe besaß keinen Frauenplan, denn erstens lassen Frauen sich nicht planen, zweitens lag der Frauenplan nicht in, sondern außerhalb von Goethes Besitz.

Zu den Bewohnern von Goethes frühester Frauenwelt zählen zunächst die Familienmitglieder: Großmutter, Mutter und Schwester, die den leicht kränklichen Jungen verhätscheln. Unter den Jugendgespielinnen des Vierzehnjährigen in Frankfurt figuriert ein nicht identifiziertes Gretchen (*Dichtung und Wahrheit* I, 5), das Mutbeweise als Huldigungen einsammelt. Noch in Frankfurt schließt sich die intelligentere Caritas Meixner an. Während der Leipziger Studienzeit folgen um 1765 Friederike Oeser, Tochter von Goethes Zeichenlehrer Friedrich Oeser, und 1766–68 als ernsthaftere Liebe die Gastwirtstochter Käthchen Schönkopf, der Goethe das Buch *Annette* widmet. «Jung, hübsch, munter, liebevoll und so angenehm», reizte sie jedoch Goethes Leidenschaft bis zu Eifersuchtsausbrüchen und «schrecklichen Szenen», bis beide vereinbarten, das quälende und übrigens mehr gespielte als leidenschaftliche Verhältnis abzubrechen.

Nach Straßburg umgesiedelt, fand Goethe seit Oktober 1770 Trost bei der Sesenheimer Pfarrerstochter Friederike Brion, zu der er von Straßburg aus zu jeder Tages- und Nachtzeit und bei jeder Witterung hinausreitet, der er die Sesenheimer Lieder widmet und die er nach Studienabschluß, als sich eine Verlobung am Horizont abzeichnet, ohne Abschied verläßt. Seine geschönte Schilderung der Sesenheimer Idylle in *Dichtung und Wahrheit* (II, 10 – III, 11) ist möglicherweise mehr an Oliver Goldsmiths Roman *The Vicar of Wakefield* als an der Wirklichkeit orientiert, wie überhaupt literarische Vorbilder entweder Goethes Liebesleben oder dessen Schilderungen beeinflussen.

In Wetzlar begegnet Goethe 1772 die natürliche, frische und häuslich-praktische Charlotte Buff, die den kinderreichen Haushalt für den Vater führt und überdies mit J.Chr. Kestner verlobt ist (*Dichtung und Wahrheit* III, 12). Dem Konflikt zwischen leidenschaftlicher Liebe und kühler Vernunft weicht Goethe durch eine fluchtartige Abreise aus. Etwas anders sieht die Fiktionalisierung dieser Episode in *Die Leiden des jungen Werthers* aus, die mit dem Selbstmord des Helden schließt. Der Besuch der alternden Witwe Kestner, Mutter von zwölf Kindern, bei Goethe in Weimar 1816 gab Anlaß zu Thomas Manns amüsantem Roman *Lotte in Weimar*.

Auf einer Gesellschaft in Frankfurt lernte Goethe im Januar 1775 die 16jährige «niedliche Blondine» Lili Schönemann, die schöne, gebildete, kokette, doch nicht oberflächliche Tochter eines wohlhabenden Frankfurter Bankiers, kennen. Die spontane Zuneigung war gegenseitig, und trotz Bedenken seiner Eltern gegen die «Staatsdame» und von Lilis Familie gegen den wenig aussichtsreichen Anwalt kam es zur Verlobung. Doch wachsende Bedenken wegen der sozialen Diskrepanz und Goethes Scheu vor einer festen Bindung veranlaßten ihn, ohne Abschied die Schweizer Reise zur (erfolglosen) Klärung seiner Gefühle anzutreten. Im Oktober 1775 folgte die Lösung der Verlobung, der beide Teile dennoch nachtrauerten.

Ganz anders war Goethes Verhältnis in Weimar zu Charlotte von Stein, der 32jährigen, reifen Gattin des herzoglichen Stallmeisters und Mutter von sieben Kindern, zu der Goethe eine an den mittelalterlichen Minnedienst gemahnende Bindung einging. Vor seiner leidenschaftlichen, ungestümen und kontinuierlichen Werbung zog Charlotte sich hinter die Grenzen des gesellschaftlich Schicklichen zurück, hielt den Zudringlichen in Bann und brachte ihm höfische Manieren bei. Am Ausleben seiner Leidenschaft gehindert und durch ständige Disziplinierung frustriert, brach Goethe heimlich nach Italien auf.

Dort mag ihn die Leichtlebigkeit heißblütiger Römerinnen (Faustina?) im klassisch-antiken Ambiente zur Lockerung seiner sexuellen Verklemmtheit verleitet haben. Bei der Rückkehr nach Weimar jedenfalls nahm er Christiane Vulpius, die ihn als Bittstellerin für ihren Bruder aufsuchte, schon tags darauf am 12./13. Juli 1788 als seine Partnerin und ab 19. Oktober 1806 als Ehefrau in sein Haus auf. Ihre Vitalität und Offenherzigkeit brüskierte die Weimarer Gesellschaft, besonders auch Charlotte von Stein, doch verband die beiden eine herzliche Zuneigung und auch körperliche Leidenschaft, so daß alle späteren Begegnungen Goethes mit Frauen während der Ehe und auch nach Christianes Tod 1816 sich auf seelisch-platonischer Ebene abspielten.

Das gilt für die lebhafte, gefühlvolle und musisch begabte Ban-

kiersgattin Marianne von Willemer, Goethes Brief- und Gesprächspartnerin und als «Suleika» künstlerisch ebenbürtige Mitdichterin
am *West-östlichen Divan*, ebenso für die kurzfristigen und kurzsichti-
gen Leidenschaften Goethes zu jungen Mädchen: der 18jährigen
Minna Herzlieb 1807, die ihn zu Sonetten inspirierte, zur 23jährigen
Silvie von Ziegesar 1808 und zur 19jährigen Ulrike von Levetzow
1821, um deren Hand der 74jährige Goethe noch 1823 durch Herzog
Carl August anhalten ließ und der die *Marienbader Elegie* gilt. Sie jedoch erinnert sich im hohen Alter: «Keine Liebschaft war es nicht.» In
diesen Neigungen kehrt Goethe zu den platonischen Verehrungen
seiner Jugend zurück. Auch er wußte: Zahlen haben in der Liebe keine
Bedeutung. Festgehalten hat Goethe alle Frauen seines Lebens in seinen Dichtungen und autobiographischen Schriften, teils verkappt,
teils offenkundig und extensiv. Dank wurde ihm dafür selten zuteil.

42. Wer war Goethes älteste Freundin? Die Bilder und Zeichnungen zeigen sie fast immer in grauhaariger Witwentracht, aber sie
war auch einmal jung gewesen, nur drei Jahre älter als Charlotte von
Stein, liebte das Leben und die Geselligkeit und war keine Freundin
von Traurigkeit, dazu hatte sie zuviel erlebt. Sie mag trotz ihrer
stahlblauen Augen bei kleinem Wuchs nicht unbedingt eine strah-
lende Schönheit gewesen sein – was wissen wir schon vom weiblichen Schönheitsideal um 1760 und selbst Goethes Idealen –, aber sie
war zweifellos eine der intelligentesten und geistreichsten Fürstinnen
ihrer Zeit: Anna Amalia (1739–1807), Herzogin von Sachsen-Weimar-Eisenach, Tochter des Herzogs Carl von Braunschweig-Wolfen-
büttel und Nichte Friedrichs des Großen, war am Braunschweiger
Hof aufgewachsen und im Sinne der Aufklärung gründlich erzogen
worden. Sie heiratete 1756 siebzehnjährig den Herzog Ernst August II.
Constantin von Sachsen-Weimar-Eisenach und übernahm nach dessen frühem Tod 1758 und einer geschickten Ausschaltung des Ministers Graf Bünau neunzehnjährig klug und fest die Regentschaft bis
zur Volljährigkeit und Heirat Carl Augusts, als dessen Erzieher sie
1772 C. M. Wieland berufen und Carl August auf eine Kavaliers-
und Sexualerziehungstour nach Paris gesandt hatte. In die Zeit ihrer
Regentschaft fielen mehrere unglückliche Ereignisse wie der Sie-
benjährige Krieg, der ihren Staat mit plündernden Truppen überzog und ihn zerrüttet hinterließ, und 1774 der Brand des Weimarer
Herzogsschlosses. Vor dem Brand hatte sie noch die Weimarer Bi-

bliothek gerettet, indem sie diese 1766 in das umgebaute Grüne
Schloß verlegen ließ, das seit 1991 ihren Namen «Herzogin Anna
Amalia Bibliothek» trägt und dessen Brand im Jahr 2004 nicht ihr
zur Last zu legen ist.

Nach dem Ende der Regentschaft zog sie sich 1775 ins Privatleben,
doch nicht ganz aus der auf Vermittlung von Gegensätzen streben-
den Familienpolitik ins Weimarer Wittumspalais zurück, ein reprä-
sentatives Stadthaus, das ihr der Minister J. F. Freiherr von Fritsch
nach dem Schloßbrand als Wohnsitz zur Verfügung gestellt und 1775
an sie verkauft hatte, und lebte sommers auch in den Sommerschlös-
sern Ettersburg oder Tiefurt. Aus Liebe zur Geselligkeit ohne Standesunterschiede versammelte sie um sich ihre Tafelrunde, die höchste Stufe Weimarer Geselligkeit, und versuchte durch Heranziehung
bedeutender Männer und großer Geister, Schriftsteller, Maler, Bildhauer, Musiker und Gelehrter wie Musäus, Wieland, Goethe, Herder,
von Knebel, Oeser, Fernow u. a. m. den «Weimarer Musenhof» zu be-
gründen.

Auch sie hatte mit dem Dichter des *Werther* schon vor dem Menschen Goethe Bekanntschaft gemacht und seinen menschlichen wie
literarischen Rang erkannt und bestärkte daher Carl August bei
der Berufung Goethes nach Weimar. Sie besänftigte 1778 Minister
Fritschs Protest gegen Goethes Aufnahme in das Geheime Consilium,
besänftigte auch verständnisvoll und ironisch das kraftgenialische
Treiben Carl Augusts und Goethes und zeigte in ihrer Korrespondenz mit Goethes Mutter ihre mütterliche Fürsorge für den «Hät-
schelhans».

Nunmehr Herzoginmutter, war sie Goethes Vertraute und mütterliche Freundin, ihm in herzlicher Sympathie und Hochschätzung
verbunden, und er, der ihr Herz gewann, war das bedeutendste Mitglied ihres Kreises, ihr maître de plaisir, Vorleser, Hofpoet und Festar-
rangeur. Sie nahm ebenfalls ein ehrliches Interesse an Goethes Leben
und Schaffen, mahnte ihn zu dessen Fortsetzung, förderte das von
ihm geleitete höfische Liebhabertheater, ließ seine kleinen Festspiele
in ihren Parks aufführen und ließ die Dichtungen ihres Kreises hand-
schriftlich im «Tiefurter Journal» sammeln. Selbst künstlerisch begabt, malte und zeichnete sie, musikalisch begabt, vertonte sie die
Gesänge von Goethes Festspielen und komponierte 1776 auch die
Musik zu *Erwin und Elmire* und 1778 zum *Jahrmarktsfest zu Plunders-
weilern*.

Goethe widmete ihr Gedichte und mehrere Werke, darunter *Paläophron und Neoterpe*. Eine zusätzliche Gemeinsamkeit bildete beider Liebe zu Italien und zur klassizistischen Kunstauffassung. Durch Goethes Italienische Reise ließ sie sich zu ihrer eigenen Italienreise 1788–90 anregen, die Goethe vorbereitete und von der er sie auf Wunsch Carl Augusts, etwas unwillig über ihr verspätetes Eintreffen, von Venedig aus heimgeleitete.

In den Napoleonischen Wirren wollte sie nach Braunschweig fliehen, kam aber nur bis Kassel durch und mußte nach zwei Wochen zurückkehren. Solche Aufregungen beschleunigten ihr Ende. Goethe schrieb ihr einen rührenden Nachruf *Zum feierlichen Andenken der durchlauchtigsten Fürstin und Frau Anna Amalia*, der auf vielen Kanzeln des Herzogtums verlesen wurde: «Ihre Regentschaft brachte dem Lande mannigfaltiges Glück, ja das Unglück selbst gab Anlaß zu Verbesserungen ... Ein ganz anderer Geist war über Hof und Stadt gekommen. Bedeutende Fremde von Stande, Gelehrte, Künstler, wirkten besuchend oder bleibend. Der Gebrauch einer großen Bibliothek wurde freigegeben, ein gutes Theater unterhalten ...» Er nannte sie eine «vollkommene Fürstin mit vollkommenem menschlichem Sinne und Neigung zum Lebensgenuß.» (zu Eckermann 10. 2. 1829)

43. Was hatte Goethe mit Frau von Stein?

Das Enttäuschende daran ist die Antwort, nämlich: gar nichts. Oder doch wenigstens nichts davon, wovon die verschämten Biographen vergangener Jahrzehnte nichts schrieben, weil sie glaubten, da sei doch insgeheim etwas gewesen, was sie auch nicht gesehen haben wollten. Aber so töricht war selbst ein verliebter Dichter nicht. Den Hof machen, Komplimente drechseln, Seelenfreundschaft suchen, verliebt tun und vielleicht auch sein, das ist eins. Eine verheiratete Hofdame als Bürgerlicher und gar an einem so kleinen Hof zu verführen, das war ein anderes, und das hätte den bürgerlichen Aufsteiger Goethe sicher seinen Posten gekostet. Selbst mit einem bürgerlichen Mädchen war das schon ein Problem, nur mit Aufsteigerinnen nicht.

Doch sie kannten sich schon, bevor sie sich kennenlernten. Charlotte von Stein (1742–1827) erkundigte sich schon im Januar 1775 bei dem Arzt J. G. Zimmermann nach dem Dichter des *Werther*, und in dessen Antwort vom 19. Januar war Goethe dem Hörensagen nach «der schönste, lebhafteste, ursprünglichste, feurigste, stürmischste, sanfteste, verführerischste und für ein Frauenherz gefährlichste

Mann» (mehr Superlative fand er nicht). Ein halbes Jahr später zeigte Zimmermann Goethe in Straßburg einen Schattenriß der Charlotte von Stein, den dieser ebensowenig zutreffend für Lavater beschrieb. Ohne persönliche Kenntnis, nur nach einer Profillinie, beschrieb es sich auch viel leichter.

Charlotte von Stein, Tochter eines Weimarer Hofmarschalls aus niederem Adel, war eine sanfte Schönheit mit großen Augen, dunklen Locken und graziler Bewegung, von zierlicher, schlichter Eleganz, vielseitiger Bildung und nüchtern-skeptischem, weltklugem Wesen, stets korrekt und sicher in höfischen Umgangsformen. Ohne größeren finanziellen Rückhalt, wurde sie 1758 Hoffräulein der Herzogin Anna Amalia und heiratete 1764 den Weimarer Oberstallmeister Josias Freiherr von Stein, dem sie bis 1774 in unerfüllter, gleichgültiger Ehe vier früh verstorbene Töchter und drei Söhne gebar, der ihrer Kochkunst aber die Hoftafel vorzog. Leicht kränkelnd, an Migräne leidend, erschöpft, frigid und fast allergisch gegen körperliche Liebe, suchte sie Ausgleich in Lektüre, Musik, Zeichnen und später in eigenen dramatischen Versuchen, darunter *Dido* auf den Liebesverrat Goethes.

Am 11. November 1775 begegneten sich durch Vermittlung Carl Augusts Goethe und die sieben Jahre ältere Charlotte von Stein erstmals in Weimar, und rasch ergab sich ein gesellschaftlicher Verkehr in Weimar und auf dem Landgut der Steins, Schloß Kochberg, bei dem Goethe die Rolle des Hausfreundes zufiel, wie sie ihm behagte: eine kluge, verheiratete und praktisch unerreichbare Frau, die ein geistiges Band nie mit einem Liebesbund verwechseln würde. Er, der bisher nur jungen Mädchen verliebt getan hatte, traf hier erstmals auf eine reife, gebildete, adlige Dame der Gesellschaft, die den Ex-Stürmer und Dränger in die höfischen Umgangsformen, gesellschaftliche Etikette und zivilisierte Redeweise einführte, ihm aber zugleich erotische Selbstbeherrschung und Entsagung auferlegte. Bei ihr fand er Verständnis, Teilnahme, Rat, Trost und Interesse für alle seine Pläne, und seinerseits stilisierte er die platonische Freundin und reife Frau, die helfend und heilend den stärksten Einfluß auf sein Leben und Werk ausüben sollte, zum Spiegelbild seines Ideals, Muster zartester Sittlichkeit und sanfter Humanität, zu seiner Muse, die er gleichwohl in Haus und Garten, bei Kindern und Mahlzeiten mit Gemüse und Obst und anderen Lebensmitteln unterstützte. Beider Verhalten galt bei Hof und Gesellschaft als «ganz untadelhaft und rein» (Schiller). Angesichts ihres sozialen Status als Hofdame, ihrer Furcht um ihren guten Ruf und ihres leidenschaftlich unterkühlten Wesens leitete er seine Leidenschaft, seine Liebe und Fürsorge in die Bahnen einer skandallosen, untadeligen Seelenliebe und einen Herzenskult, der dem sexuell noch unbescholtenen Mann leichter fiel als dem Verständnis späterer Generationen, denen all dies fragwürdig und suspekt erschien und daher zu haltlosen Spekulationen Anlaß gab. Ihrem Mann schien das nicht so zu sein, er vertraute seiner Frau vollkommen und spielte gelegentlich sogar den Übermittler der Liebesbriefe.

Doch dieser auf die Dauer unhaltbare Zustand, eine bei aller Hoffnung unerfüllbare und frustrierende Liebesbindung, Charlottes Ansprüche und die Einengung seiner persönlichen Freiheit, dazu die starke Beanspruchung und die Enge der beruflichen und höfischen Welt, kamen 1776 zum Ausbruch in der plötzlichen, heimlichen Abreise von Karlsbad, wo Charlotte auch weilte, nach Italien, der den Abstand von einer Liebesbeziehung und den Ausbruch einer für ihn gefährlichen Situation anzeigte. Zwar nahm Goethe noch auf der Reise den brieflichen Kontakt wieder auf und schrieb ihr sein «Reisetagebuch für Frau von Stein», doch Frau von Stein war durch die heimliche Abreise und den Ausbruch aus ihrer Liebe aufs tiefste verletzt.

Bei Goethes Rückkehr 1788 spürte sie instinktiv seine Veränderung durch die Liebesabenteuer in Rom, sah darin eifersüchtig und verbittert einen Treubruch und Liebesverrat, und Goethes Verbindung mit Christiane beraubte sie aller Illusionen und führte im Juni 1789 ihrerseits zum Bruch und zur Rückforderung aller ihrer Briefe, die sie zum ewigen Kummer der Biographen restlos verbrannte. Aus der zarten Seelenfreundschaft war ein feindseliger Groll eines gekränkten Stolzes mit unverhüllten Medisancen geworden.

Doch die Gesellschaft der Kleinstadt, die gemeinsamen Freunde und die höfischen Pflichten führten um 1795 zu einer kühl-höflichen gegenseitigen Duldung bei Begegnungen. Charlottes Anteilnahme an Goethes schwerer Erkrankung 1801 und ihr Besuch bei Christiane 1808 nahmen kühle Beziehungen wieder auf, aber auch nach Christianes Tod blieb das Verhältnis der seit 1793 verwitweten Charlotte zu Goethe, dem sie das Leben in Weimar lebenswert gemacht und einen höheren Lebensinhalt gegeben hatte, unverändert distanziert. Es wäre spekulativ zu fragen, ob Goethe ohne die Persönlichkeitsbildung und den großen Einfluß dieser Frau auf sein Fühlen, Denken und Tun derselbe Mensch geworden wäre, oder ob die Vertraute Anteil daran hatte.

Was also hatte Goethe – eine lebenslange große Freundschaft mit Unterbrechungen – sonst nichts? Seine längste voreheliche Liebe fand Ausdruck in einer Fülle von Gedichten wie «Warum gabst du uns die tiefen Blicke», der Lida-Lyrik und anderen, in den Frauenfiguren seiner frühen Dramen bis zur Iphigenie und der Prinzessin Leonore d'Este im *Torquato Tasso*. Bleibendes Zeugnis der Liebe aber sind die 1680 Briefe und Zettel an Charlotte.

44. Wie war das mit der Marquesa Branconi? Sie wäre sicher das Covergirl aller Farbmagazine gewesen, wenn es die schon gegeben hätte. Alle Welt oder wenigstens die männliche Hälfte hielt sie für die schönste Frau Deutschlands, jedenfalls nach dem Schönheitsbegriff des 18. Jahrhunderts. Sie war hinreißend schön, gebildet, intelligent, liebenswürdig, vermögend und zu haben:

Maria Antonia von Branconi (1746–1793), die Tochter eines deutschen Majors und einer Italienerin, wurde 1758 im jugendlichen Alter von zwölf Jahren mit dem neapolitanischen Beamten Francesco Pessina de Branconi verheiratet. Sie gebar ihm zwei Kinder und wurde kurz nach seinem Tode 1766 die Mätresse des Erbprinzen und späteren Herzogs Carl Wilhelm Ferdinand von Braunschweig, des Bruders von Anna Amalia, dem sie 1776 einen Sohn gebar. Ihr 1776 erbautes Schlößchen in Langenstein bei Halberstadt wurde der Mittelpunkt eines kultivierten geselligen Kreises. Nach dem Erlöschen der erbprinzlichen Liebe 1777 lebte sie daneben in Straßburg, Zürich und Lausanne. Goethe, der in Straßburg bereits 1775 ihren Schattenriß gesehen und gedeutet hatte, besuchte die «gar liebliche Branconi» auf seiner zweiten Schweizer Reise am 22./23. Oktober 1779 in Lausanne und berichtete Charlotte von Stein enthusiastisch: «Sie kommt mir so schön und angenehm vor, daß ich mich etlichemal in ihrer Gegenwart stille fragte, obs auch wahr sein möchte, daß sie so schön sei.» Sie erwiderte den Besuch am 26./27. August 1780 in Weimar. Goethe empfing sie im Gartenhaus, führte sie in Weimar spazieren, was die Gerüchteküche anheizte, und saß abends mit ihr im Garten. Am 27. August führte er sie nach Tiefurt und Belvedere, arrangierte ein Mittagessen im Borkenhäuschen im Ilmpark und widerstand der Versuchung: «Ich habe mich gegen sie betragen, als ich's gegen eine

Fürstin oder eine Heilige tun würde. Und wenn es auch nur Wahn wäre, ich möchte mir solch ein Bild nicht durch die Gemeinschaft einer flüchtigen Begierde besudeln. Und Gott bewahre uns für einem ernstlichen Band, an dem sie mir die Seele aus den Gliedern winden würde.» (an Lavater um 20. September 1780)

Gleich am 28. August sandte er ihr einen Willkommensgruß voll Komplimente, der sie bei Goethes Mutter in Frankfurt erreichte: «Daß es dem Himmel nach so viel verunglückten Versuchen auch einmal gefallen und geglückt hat, etwas Ihresgleichen zu machen.» Spätere Besuche Goethes in Langenstein im September 1783 und September 1784 verliefen in konventionellen Bahnen.

Die Affäre, die keine war, aber doch vieles hätte sein können, wirft eine Reihe von Fragen auf: Berichtet Goethe so enthusiastisch an Frau von Stein, um ihre Eifersucht zu erregen? Bedauert er die verpaßte Gelegenheit und erfindet nachher die Angst vor dem Besudeln als Ausrede? Ist Goethes Angst vor schönen Frauen die Angst, von ihnen versklavt zu werden? War eine abgelegte Mätresse ihm damals noch nicht gut genug, oder spielt hier ganz einfach wieder Goethes voritalienische Angst vor Ansteckung eine Rolle? Schöne Frauen haben ihre Geheimnisse.

45. Wie kam Goethe zu Lady Hamilton? Daß Goethes Italienreise nicht nur der toten Kunst des Altertums galt, sondern sich gelegentlich auch in die sehr lebendige Kunst der Gegenwart verirrte, erweist sich an seinem Verhältnis zu der späteren Lady Emma Hamilton (1765–1815), die er im März und Mai 1787, von Hackert eingeführt, bei Sir William Hamilton (1730–1803), dem einflußreichen britischen Botschafter in Neapel und international berühmten Kunst- und Antikensammler in seiner prachtvollen Villa am Posillip besuchte und die wohl die am meisten besprochene, gemalte und berüchtigte Schönheit seiner Zeit war.

Aus niedrigen Verhältnisen stammend, trat Emily Lyon, später Emma Hart, zuerst im Londoner Vergnügungsviertel des Strand als leichtlebige Gunstgewerblerin, Malermodell und Schönheitstänzerin mit und ohne Gewand auf. Der junge Sir Harry Fetherstonehaugh installierte sie als seine und seiner Freunde Geliebte in Uppark House, wo sie ihre unverschleierten Künste auch als Tischtänzerin vor seinen Freunden praktizierte. Als der junge Herr ihrer überdrüssig wurde, setzte er die Schwangere 1781 auf die Straße. Sie fand ein Dach und ein Bett bei ihrem früheren Liebhaber Charles Greville in London. Dieser bedurfte jedoch weniger einer schönen Geliebten als einer reichen Ehefrau. In einem geschickten Schachzug sandte er Emma zu ihrer und seiner Erholung zu seinem reichen Onkel Sir William Hamilton nach Neapel, sicher, daß dessen schon früher geäußertes Gefallen an ihr sie dort binden würde. Er befreite sich damit von einem Ehehindernis und sicherte sich zugleich das Erbe seines Onkels, der mit Emmas Hilfe unverheiratet bleiben sollte. Ergreifend zu sehen, wie die Männerwelt im 18. Jahrhundert sich um das Wohl ihrer Gefährtinnen bemühte. Sir Hamilton griff zu und ergötzte sich seither weniger an seinen echten Kunstwerken als an den «Attitüden» oder Schaustellungen der Performanzartistin, die mit nur zwei Schleiern be- oder entkleidet und anfangs in einem schweren Goldrahmen mit schwarzem Hintergrund Posen und Gesten der antiken Vasenbilder, Skulpturen und Gemälde einnahm und sich dergestalt auch vor den ausgesuchten Gästen des Botschafters, darunter mehrfach auch Goethe, produzierte. Goethe, diesem Schnellkurs in antiker Kunst vielleicht gar nicht abgeneigt, berichtet mokant:

«Der Ritter Hamilton ... hat nun ... den Gipfel aller Natur- und Kunstfreude in einem schönen Mädchen gefunden. Er hat sie bei sich, eine Engländerin von etwa zwanzig Jahren. Sie ist sehr schön und wohl gebaut. Er hat ihr ein griechisch Gewand machen lassen, das sie trefflich kleidet, dazu löst sie ihre Haare auf, nimmt ein paar Schals und macht eine Abwechslung von Stellungen, Gebärden, Mienen etc., daß man zuletzt wirklich meint, man träume. Man schaut, was so viele tausend Künstler gerne geleistet hätten, hier ganz fertig in Bewegung und überraschender Abwechslung. Stehend, knieend, sitzend, liegend, ernst, traurig, neckisch, ausschweifend, bußfertig, lockend, drohend, ängstlich etc., eins folgt aufs andere und aus dem andern. Sie weiß zu jedem Ausdruck die Falten des Schleiers zu wählen, zu wechseln, und macht sich hundert Arten von Kopfputz mit denselben Tüchern. Der alte Ritter hält das Licht dazu und hat mit ganzer Seele sich diesem Gegenstand ergeben. Er findet in ihr alle Antiken, alle schönen Profile der sizilianischen Münzen, ja den Belvederschen Apoll selbst. So viel ist gewiß, der Spaß ist einzig!» (*Italienische Reise* 16. 3. 1787)

Der Schluß ist weniger spaßig. Zwar heiratete Hamilton 1791 Emma in zweiter Ehe, doch schon 1798 wurde sie in einer ménage à trois die Geliebte Lord Nelsons und lebte nach seinem Tod in Armut.

Natürlich ließen sich Maler und Kupferstecher das willige Modell nicht entgehen, so daß von Emma wohl mehr Porträts als von Goethe existieren, und das ist kein Schade (G. Romney, A. Kauffmann, T. Lawrence, E. Vigée-Lebrun, F. Rehberg, J. Reynolds, W. Tischbein u. a. m.).

46. Liebte Goethe in Rom eine Faustina? Die Biographen stellen auch die unmöglichsten Fragen. Mancher Frauenjäger mag sich vielleicht kaum noch jener Frau erinnern, die ihn vor vielleicht zehn Jahren fesselte, wenn sie nicht gerade der Höhepunkt seines Liebeslebens war. Von Goethe aber erwarten sie wie von einem Angeklagten genaueste Auskünfte, und wenn der Delinquent durch Vernichtung aller Evidenz aus gutem Grund die Aussage verweigert, gehen sie selbst auf Spurensuche. Tatsächlich gab es in Rom nach 1780 eine Frau mit dem Namen Faustina, den Goethe mal hier, mal dort in seine Italien-Gedichte einstreut wie in das 4. *Venezianische Epigramm* oder die 18. *Römische Elegie*:

«Darum macht Faustine mein Glück; sie teilet das Lager
Gerne mit mir, und bewahrt Treue dem Treuen genau.»

Biographischer Scharfsinn italienischer Gelehrter fand ferner heraus, daß eine 1764 geborene Faustina di Giovanni, Tochter eines Gastwirts, 1784 in Rom in Goethes Nachbarschaft als Ehefrau eines Domenico Antonini lebte, der jedoch schon 1784, zwei Jahre vor Goethes Ankunft in Rom, verstorben war und von seiner Witwe mit einem Kind überlebt wurde. Noch tiefer schürfende Nachforschungen erbrachten, daß nicht ihr Mann, sondern Faustina selbst 1784 verstorben war, was ihr Verhältnis mit Goethe doch sehr in Frage stellte. Faustina, «die Glückspendende», ist also für Goethe nach dem Muster der römischen Elegiker nur der beziehungsreiche Deckname für eine wirkliche, angebliche, fiktive oder imaginäre Freundin, die zur Verzweiflung erotisch interessierter Biographen nicht zu identifizieren ist. Was allerdings feststeht, ist, daß der ungezwungene mediterrane Lebensstil in Rom im Gegensatz zur höfischen Strenge Weimars Goethes erotische Sinnlichkeit und Liebesfähigkeit freisetzte und die christliche Leibfeindschaft durch einen natürlich-offenen, «antiken» Lebensstil überwand. Dieses Erlebnis befreite das Gefühl für die erotische Verbindung mit Christiane. Die virtuelle Faustina aber lebt in H.-J. Ortheils Roman *Faustinas Küsse* (1998) fort und ist über jede weitere Suche erhaben.

Abb. 5 Goethe am Fenster in Rom. Kreidezeichnung von J.H.W. Tischbein. 1786/87.

47. Klappte es mit Goethes Ehe? Es klappte schon 18 Jahre vor der Ehe, sozusagen ehe man Ehemann wird. Es lag also kein zwingender Grund vor, zwingend nicht einmal von der weiblichen Seite, die Familienverhältnisse derart umzukrempeln, daß man das Fräulein Vulpius zur Frau Geheimrat von Goethe macht. Goethe war gerade im Juni 1788 mit frischen Erfahrungen, gestärktem Selbstbewußtsein, erprobter Männlichkeit und verminderter Ansteckungsangst aus Italien heimgekehrt, als am 12. Juli Christiane Vulpius, die Schwester des «berüchtigten Trivialautors» Christian August Vulpius und Herstellerin künstlicher Stoffblumen, sich ihm im Ilmpark als Bittstellerin mit einem Gesuch zur Unterstützung ihrer verarmten Familie näherte.

Das naive, unkomplizierte, sinnenfrohe und südländisch anmutende 23jährige Mädchen mit den blonden Locken und schwarzen Kulleraugen gefiel Goethe und er ihr, so daß er spontan sowohl egoistische als auch altruistische Maßnahmen in Tateinheit ergriff: Er lud sie in sein Gartenhaus ein, und ohne Verzug begann die im klatschsüchtigen Weimar entrüstet bespöttelte «wilde Ehe», eine Lebensgemeinschaft «nur nicht durch Zeremonie», die trotz der Verschiedenheit der Charaktere im wichtigen Punkt zu einem 28jährigen Lebensbund führte, bis der Tod Christianes sie 1816 schied. Christiane erwies sich als verläßliche und umsichtige Haushälterin, die Goethe viele Alltagssorgen abnahm und ihm dafür fünf Kinder gebar.

Nachdem sie 1806 bei der Plünderung Weimars durch französische Truppen mutig Goethes Person und Besitz verteidigt hatte, gab Goethe sich zum Dank einen moralischen Ruck und ließ sich am 19. Oktober 1806 in aller Stille kirchlich mit ihr trauen: «Dieser Tage und Nächte ist ein alter Vorsatz bei mir zur Reife gekommen; ich will meine kleine Freundin, die so viel an mir getan und auch diese Stunden der Prüfung mit mir durchlebte völlig und bürgerlich anerkennen, als die Meine. Sagen Sie mir würdiger geistlicher Herr und Vater wie es anzufangen ist, daß wir, sobald als möglich, Sonntag, oder vorher getraut werden» (an Hofprediger W. Ch. Günther 17. 10. 1806). Der Termin war klug datiert, da man in den unruhigen Zeiten eher auf Formalitäten verzichtete. Trotzdem sprach man in Weimar von einer bedauerlichen Mesalliance und erwog, zu spät, akzeptable lokale Alternativangebote. Doch Goethe ließ sich von den vielen Besserwissern nicht vorschreiben, was ihm zu behagen hatte. Da er sich nicht beschwerte und Christiane seiner Treue sicher war, muß dies wohl, soweit Dichterehen gehen, eine glückliche gewesen sein. Goethe meinte später – doch Christiane war wohl klug genug gewesen, ihm diesen Glauben zu lassen – zwar, daß «der Mann immerhin weit schöner, vorzüglicher, vollendeter wie die Frau sei» (zu Kanzler von Müller 7. 4. 1830), oder in letzter Altersweisheit: «Überall hat man vor ungeregelten, ehelosen Liebesverhältnissen eine gewisse unbezwingliche Scheu, – und das ist recht gut. Man sollte nicht so leicht mit Ehescheidungen vorschreiten. Was liegt daran, ob einige Paare sich prügeln und das Leben verbittern, wenn nur der allgemeine Begriff der Heiligkeit der Ehe aufrecht bleibt.» (ebda.)

Freunde und Feinde

 **48. Wo fand man in Weimar Gesellschaft und Geselligkeit?** Das Leben in einer Kleinstadt wie Weimar mit Ackerbürgern, Handwerkern, Kaufleuten neben dem Hofstaat mußte notgedrungen trotz aller Arbeit eine Art von Langeweile an den Abenden und Feiertagen erzeugen: Kein Radio, kein Fernsehen, keine Musikkonserven, keine stundenlangen Telefongespräche von Herz zu Herz, kein Zeitungs- und Zeitschriftenwald am Kiosk, nur in der Saison Theater und gelegentlich Redoute – wie soll ein Mensch sich da geistig bilden? Selbst die familiären Gesprächsthemen waren bald erschöpft, wenn der Hausvater auf seiner Meinung beharrte, und Leute ohne reiches Innenleben waren rasch frustriert.

Der Ausweg: man langweilte sich nicht individuell, sondern in Gruppen und gesprächsweise – was man auch tun konnte, ohne sich der Krisensituation der Geselligkeit bewußt zu werden. Aber eine Gesellschaft ohne Statuten, ohne Schatzmeister, ohne feste Termine und Treffpunkte und ohne namentlich bekannte Mitglieder glich ja eher einer Verschwörung! Also mußten Vereinsnamen, Vereinssatzungen und vielleicht sogar Wappen und Orden her. Ganz so schlimm kam es dann doch nicht, aber die Zahl der Gesellschaften, Zirkel und Klubs privater Art geriet bald in Gefahr, die Einwohnerzahl Weimars, zumindest aber die der Wochentage zu überschreiten.

Der Hof hatte seine eigenen, streng auf den Adel begrenzten offiziellen und traditionellen Hofgesellschaften mit viel Etikette, aber in unterkühlten Sälen oder überhitzten Salons bei mäßigem Essen und schlechtem Trinken. Goethe und Schiller erlangten erst durch ihre Nobilitierung das Recht, an der Hoftafel teilzunehmen oder im Theater auf dem dem Adel reservierten Balkon zu sitzen, ebenso übrigens Schillers Frau Charlotte, obwohl sie eine geborene Adlige (von Lengefeld) war. Erst Herzogin Anna Amalia lockerte den Kastengeist, weil

Abb. 6 Tafelrunde bei Anna Amalia. Aquarell von G.M. Kraus. 1795.

ihr weniger an stark blaublütiger Gesellschaft als an interessanten Talenten in Literatur, Kunst, Musik und Wissenschaft gelegen war. Daher war ihr sogenannter «Musenhof» nicht durch Standesschranken, sondern durch Interessen und Begabungen bestimmt.

Die nicht an Stände oder Zünfte gebundenen, dem Hof wie den Bürgern offenen Privatgesellschaften konnten außer Gesprächs- und Lesezirkeln nur die Unterhaltungen bieten, zu denen die Teilnehmer beitrugen, daher waren elegante Unterhalter bei ihnen gesucht. Obwohl einzelne Kreise durch spezielle Interessen verbunden waren, herrschte doch in allen ein Ideal geselliger Kultur kultivierter und besonders künstlerisch aktiver Menschen, die mit ihren Werken einen kleinen Kreis Gleichgestimmter bezauberten und dabei nicht nur zu besserem Kunstverständnis führten, sondern auch die Häuser und Familien Weimars aus ihrer Vereinzelung lösten.

Daß Goethes gastliches Haus am Frauenplan außer den festgesetzten Gesellschaftstagen auch eine Vielzahl anderer Formen von Geselligkeit und informellen Gesellschaften von Tafeln für den Hof und für Gäste, abendlichen Gesprächsrunden mit Freunden oder Unterhaltungen mit Schauspielern bot, ist selbstverständlich, aber in Kürze nicht zu erfassen. Die wichtigsten Weimarer Gesellschaften und Geselligkeiten, an denen zumindest gelegentlich auch Goethe teilnahm, waren in der Zeitfolge ihrer Gründung:

Leseabende bei Anna Amalia (ca. 1775–1807), gewöhnlich montags im Wittumspalais, sommers in Ettersburg, später Tiefurt, ein hochgebildeter Kreis, in dem jeder sich auf seine Weise unterhielt, wie es G. M. Kraus in seinem Aquarell von 1795 darstellt, oder man las ältere oder allerneuste Bühnenerfolge wie *Nathan, Emilia Galotti, Iphigenie, Tasso* u. a. m. Die anfangs 36jährige Mutter Carl Augusts war an allen Künsten und Wissenschaften interessiert, nach ihrer Italienreise 1788–90 vor allem auch an italienischen Themen, und lud nach Abgabe der Regentschaft Vertreter dieser Fächer zu geistreicher, kulturvoller Geselligkeit ohne Standesschranken ein: Carl August, von Einsiedel, von Seckendorff, von Göchhausen, von Knebel, Charlotte von Stein, H. von Egloffstein, Gräfin Bernstorff, Goethe, Wieland, Herder, Musäus, Bode, Bertuch, Gore und Töchter, Fernow, G. M. Kraus, H. Meyer, C. Schröter, Schiller und viele erlauchte Gäste, so daß sie die Crème des Weimarer Geistes um sich sammelte.

Freundschaftstage der Louise von Göchhausen (1790–1800), eine Frühstücksgesellschaft des Hoffräuleins, an Samstagvormittagen im Winter in ihren Mansardenstuben im Wittumspalais, eine beliebte, bunte Gesellschaft von Hofleuten, Gelehrten und Literaten, gelegentlich auch Goethe, zu der jeder einen mündlichen, literarischen oder musikalischen Beitrag lieferte, mithin ein gemütliches und teils ausgesprochen fröhliches Vergnügen.

Die Freitagsgesellschaft (1791–1797), von Goethe und Carl August gegründet als eine Art Gelehrter Gesellschaft mit monatlichen Sitzungen jeden ersten Freitag im Monat in Goethes Haus. Sie brachte Künstler und Gelehrte aus Weimar und z. T. Jena zwanglos zusammen, um von ihren Arbeiten, Gedanken und Liebhabereien zu erfahren und ein Panorama der künstlerischen und wissenschaftlichen Aktivitäten zu bieten. Teilnehmer waren u. a.: Carl August, Anna Amalia, Goethe, Bertuch, Bode, Herder, Knebel, Voigt, Wieland, Fritsch, Hufeland, Kraus und H. Meyer. Hufelands Vortrag über Makrobiotik brachte ihm sogleich eine Professur in Jena ein; Goethe berichtete von seiner Farbenlehre, von Cagliostro und gab einen Überblick über die wissenschaftlichen Institute des Landes.

Die Weimarischen Kunstfreunde (1799–1806), ein kleiner Kreis von Kunstfreunden und Antikeverehrern (Goethe, Meyer, Schiller,

Fernow u. a.), die durch Hinweise auf die antike Kunst die neuere klassizistische Kunst mithilfe von Publikationen, Zeitschriften *(Horen, Propyläen)*, Preisaufgaben mit gestellten Themen und Ausstellungen fördern wollten, doch nur geringe Resonanz und dürftige Kunstwerke erreichten und ihre Intentionen 1805 aufgaben.

Das Mittwochskränzchen oder Cour d'amour (1801/02). Einer Anregung Goethes folgend, sollten die Damen der Göchhausen-Runde zur Überwindung der winterlichen Langeweile einen Cour d'amour nach Minnesängerart gründen, deren 14 Teilnehmer wahlweise Paare für eine Saison bilden und vierzehntägig als geschmackvolle Gesellschaft bei ihm soupieren sollten. Goethe und Schiller schrieben dazu gesellige Lieder, und nach Zeugenaussagen wurde viel getrunken und gesungen, doch es scheint, daß die vorgesehene Freiheit und Zwanglosigkeit an der Pedanterie und der zeremoniösen Steifheit, die den alternden Goethe in größeren Gesellschaften befiel, erstickten. Daher gewann die leichtere Gegengründung eines Donnerstagkränzchens von Kotzebue, den Goethe nicht hatte aufnehmen wollen, rasch die Oberhand.

Die Mittwochsgesellschaft (1805 – um 1822), in den Wintermonaten am Mittwochvormittag ca. 10-13 Uhr, entwickelte sich aus den regelmäßigen Besuchen der Herzogin Louise und ihrer Damen (von Göchhausen, von Stein), evtl. auch Carl Augusts, Knebels und Wielands, bei Goethe zu einer esoterischen Gesellschaft, in der Goethe allgemeinbildende Vorträge zu naturwissenschaftlichen, später auch literarischen Themen und über nordische Sagenstoffe, besonders das *Nibelungenlied* (mit Stegreifübersetzung) hielt, über seine eigenen Arbeiten sprach, Stücke daraus vorlas oder Fragen beantwortete. Goethe, der sich gern im Mittelpunkt eines kleinen, vertrauten Kreises sah, gab sich bei solchen Gelegenheiten locker, teils hinreißend und genoß diese Zusammenkünfte ebenso wie seine Gäste.

Johanna Schopenhauers Teeabende (1806-13). Die Mutter des Philosophen kam 1806 aus Hamburg nach Weimar, fand bald hilfreiche Freunde und erlebte ihre Weimarer «Feuertaufe» (Goethe) durch ihre selbstlose Hilfe nach der Plünderung Weimars durch die Franzosen 1806. Das machte ihre Teeabende an Donnerstagen und Sonntagen beliebt auch bei Goethe; er führte am Tag nach seiner Trauung Christiane bei ihr ein, die dort mit größter Selbstverständlichkeit begrüßt wurde: «Wenn Goethe ihr seinen Namen gibt, können wir ihr wohl eine Tasse Tee geben», schrieb sie ihrem Sohn Arthur am 24. Oktober 1806. Goethe hat ihr diese freundliche Geste, die Christiane die Weimarer Häuser öffnete, nicht vergessen und unterstützte ihren literarischen Salon, der bei Autoren und Schöngeistern ein echter Erfolg wurde. Auch Wieland, Meyer, Fernow, Riemer, Knebel und viele andere fanden sich dort ein, dazu berühmte auswärtige Gäste wie Arnim, Brentano, Grimm, Werner, Fouqué, Tieck, Holtei u. a. m. Ganz ohne Reglement schwatzte man bei Tee und Zwieback über politische und literarische Neuigkeiten, zeichnete, spielte Klavier und sang: ein Platz zum Wohlfühlen, wo für Goethe auch immer ein Tisch zum Zeichnen in einer Ecke bereitstand.

Es mag vielleicht manchmal schwierig gewesen sein, sich für eine der gebotenen Geselligkeiten, aber noch schwerer, sich gegen eine zu entscheiden.

49. War Goethe ein geselliger Gastgeber? Man sieht es seinen Porträts nicht an, und doch würde man Goethe gern einmal lachend, lächelnd oder wenigstens schmunzelnd sehen. Klassiker ist scheint's ein schwerer und sehr ernster Beruf, und Repräsentation zerstört die Lachfalten. Die Nachwelt bekommt den Goethe geliefert, den sie verlangt, aber der ganze Goethe ist es nicht, es ist die Schauseite einer Figur, die den Menschen überdeckt. Nur Olympier lachen; ein Ordensträger verzieht keine Miene.

Der junge Goethe war durchaus kein Kind von Traurigkeit. Er trieb seine Scherze und Späße mit gleichaltrigen Freunden, tobte sich ein wenig in der Unterschicht aus und führte in Leipzig und Straßburg ein flottes und geselliges Studentenleben, das er in Frankfurt erweiterte – hätte ein Griesgram sonst vielleicht Freunde fürs Leben gefunden?

Goethe setzte die jungenhaften Streiche und kraftgenialischen Eskapaden im Verein mit Carl August anfangs auch in Weimar fort, bis ein ironisches Lächeln Anna Amalias an die Zucht und Vernunft appellierte; danach war er ein braver Bürger und wohlerzogener Höfling, der seinen Titeln alle Ehre machte und sie auf sich lasten ließ. Zwar flirtete er mit einigen Hofdamen und Schauspielerinnen, lebte sein Temperament im Liebhabertheater aus, war aber im Grunde von der ledernen Beamtentätigkeit und einem unerfüllten Liebesverhältnis so frustriert, daß auch jeder Psychiater ihm einen langen Italienaufenthalt verschrieben hätte, um das verschüttete Menschliche wieder ins Gleichgewicht zu bringen. Erst mit seiner Rückkehr als enthüllter

Tugendbold, seiner Verbindung mit Christiane und in seinem gast-
freien, geräumigen Haus am Frauenplan taute der junge Goethe wieder auf und entwickelte nun von sich aus eine gesellige Lebensform,
die ihm ein großes Bedürfnis war und seine Umwelt und seine
Freunde zufriedenstellte. «Gesellschaft bleibt eines wackern Mannes
höchstes Bedürfnis», sagt Lenardo in den *Wanderjahren* (III, 9).

Wichtigstes Instrument solcher Geselligkeit waren Goethes Gesellschaften (oder modern gesagt: Parties), zu denen sich Freunde, Kollegen und Bekannte, Hofleute, Literaten, Künstler und Gelehrte oft
aus Anlaß illustrer Gäste im Haus am Frauenplan zusammenfanden
und einen anderen Goethe als den öffentlichen Würdenträger kennenlernten. Goethe, der sich aus einer Art Scheu bei größeren Gesellschaften mit ihm unbekannten Teilnehmern immer steif, fremdelnd
und zurückhaltend benahm, konnte bei guter Laune im kleineren
Kreis mit wohlgelittenen Freunden auftauen und herzlich, fröhlich,
wohlgelaunt sein – ob auch ohne Wein, bleibe dahingestellt, jedenfalls waren seine Gäste von ihm begeistert, und er genoß es wie immer, im Mittelpunkt zu stehen.

Erst sehr viel später und nach dem Tod Christianes wurden die
großen Gesellschaften, die jetzt Ottilie arrangierte, wieder etwas seltener, steifer und dem älteren Wesen des Gastgebers entsprechend
ernster. Viele Gesellschaften Goethes mit Ausnahme der festgelegten
Tage waren weniger vorgeplant als spontan, und Goethe versandte
keine Einladungen mit Bekleidungsvorschrift. Das weltoffene Haus
empfing und bewirtete Gäste aus allen Bereichen nach bestem Vermögen. Bei den großen Tafeln mit bis zu 50 Personen war Goethe ein
aufmerksamer Gastgeber, Feinschmecker und Weinkenner, der seinen Gästen gern etwas Besonderes, Außergewöhnliches vorsetzte.

Kleinere Gesellschaften, auch fast immer von Christiane oder Ottilie arrangiert, wurden als Dejeuners, Diners, Soupers oder Teegesellschaften getarnt, aber die größeren Gesellschaften reichten bis
zu Ballabenden und glänzenden Festen, für die Leihmöbel, Betten,
Geschirr, Mietkutschen, Garderobenmädchen, Kellner und Lohn-
bediente ausgeliehen wurden, von den erlesenen Gerichten und Getränken ganz zu schweigen, und das Ganze eventuell untermalt
von Hummels prachtvollen Klavier-Improvisationen. Nachdem die
Tafel aufgehoben war, zerstreute man sich in die Repräsentationsräume oder den Garten oder blieb am Tisch sitzen, wenn man am
laufenden, geistreichen oder launigen Gespräch teilnehmen wollte.

Das Ergebnis solcher Gespräche war für viele der Gäste aus den verschiedensten Fachgebieten oft eine Erweiterung ihres Horizonts über die eigene Enge hinaus zu einem übergreifenden Verständnis miteinander.

50. Ging Goethe auf Bälle, Maskenbälle und Redouten? Es gab nicht allzuviele gesellige Veranstaltungen im klassischen Weimar. Angesichts der Tatsache, daß die heutige Massen-Unterhaltungsindustrie mit den Passivität verlangenden Institutionen wie Radio, Film, Fernsehen und Internet noch der Erfindung harrte, waren die Bürger statt auf vorprogrammierte Unterhaltung auf sich selbst angewiesen: auf private Hausbälle und Konzerte, Leseabende, Vorträge, Tagungen und Darbietungen der zahlreichen kleinen Clubs, Teeabende und Gesellschaften zum Teil an festgesetzten Tagen, bestenfalls mit dilettierenden Darbietungen ihrer Mitglieder. Da aber sonst nichts außer Getränken und Bisquits geboten wurde, gab es ohne freiwillige Beiträge der Anwesenden kaum Unterhaltung. Ausbrüche aus der Sterilität der immergleichen Gesichter boten allein das Theater, die Hofbälle und die streng reglementierten Redouten (Maskenbälle). Sie fanden zwischen Weihnachten und Aschermittwoch in Zweiwochen-Abständen im Komödien- und Redoutenhaus statt und waren sowohl dem Adel als auch den Bürgern, aber nicht den Dienstboten offen, so daß die oberen Stände einander dort kennenlernen konnten, und sie boten ein Mindestmaß an Abwechslung, da die sonst ewiggleichen Gesichter sich hinter den vorgeschriebenen Masken verbargen, denn Demaskierung im Saal war verboten.

Die Tänze begannen jeweils in festgesetzter Folge um sieben Uhr, und gegen neun Uhr erschien die Hofgesellschaft. Natürlich nahm Goethe, der in jungen Jahren in Weimar als ausgezeichneter Tänzer galt, zusammen mit seiner Frau Christiane, die eine leidenschaftliche und unermüdliche Tänzerin war und später auch allein Bälle besuchte, an solchen Veranstaltungen teil.

Der Tanz wurde mehrmals durch schlichte Pantomimen oder Lebende Bilder unterbrochen, die dafür sorgten, daß sich nicht nur die Beine amüsierten. An sie knüpften seit 1781 Goethes auf Wunsch des Hofes nach Vorbildern der italienischen Renaissance ersonnene, allegorische Maskenzüge zu fürstlichen Geburtstagen oder zu Ehren vornehmer Gäste an: meist leichtgewichtige Gelegenheitsdichtungen, die ihre Themen aus aktuellen Anlässen schöpften und oft an 100 originell kostümierte Darsteller durch Wort, Schau, Pantomime, Tanz, Musik und Ballett zu einem Gesamtkunstwerk verbanden. Sie sollten die Pantomimen, die «gar bald in ein wildes, geistloses Wesen ausarten, durch dichterische Darbietungen veredeln» (an W. Gerhard 27.2.1815), doch derselbe Goethe meinte anderenorts, «so hoffen wir mit der größten Pfuscherei in dem gedankenleersten Raum die zerstreuten Menschen zu einer Art von Nachdenken zu nötigen» (an Schiller 26.1.1798). Den Höhepunkt dieser Maskenzüge bildete 1818 ein «Festzug dichterischer Landeserzeugnisse» zu Ehren der Zarin Maria Feodorowna, in dem 150 Hofleute die Figuren der zeitgenössischen Weimarer Literatur verkörperten. Der Text dazu scheint des Aufhebens nicht wert gewesen zu sein; er ist nicht erhalten.

51. Hatte Goethe bei Lebzeiten schon viele Freunde?

Versteht man unter Freundschaft eine auf persönlicher, gegenseitiger Sympathie beruhende konventionelle oder mehr emotionale gesellige Beziehung zweier oder mehrerer Personen jenseits familiärer Bindungen auf der Grundlage wechselseitiger Achtung, gemeinsamer Gefühlslagen und Anschauungen oder literarischer, künstlerischer oder wissenschaftlicher Interessen, so besaß Goethe zahlreiche Freunde, wenn auch wechselnde zu allen Zeiten seines Lebens. Eine bürgerliche Gemeinschaft, freie Geselligkeit und briefliche Kommunikationskultur waren ihm ein inneres Bedürfnis und führten zu bestimmten Epochen seines Lebens oder auf längere Zeit hin zu engen wechselseitigen Verhältnissen vom empfindsamen Freundschaftskult der Jugend bis zur achtungsvollen Sympathie des Alters. Sie konnte durchaus von zeitweiligen Mißverständnissen oder gravierenden Meinungsverschiedenheiten gestört oder unterbrochen werden, führte aber in vielen Fällen nach einiger Zeit zu erneuter Annäherung, soweit nicht tiefe emotionale Verletzungen von einer oder der anderen Seite vorlagen. Räumliche Nähe oder häufigere Begegnungen förderten die Freundschaft, an ihre Stelle konnte aber auch ein intensiver und offenherziger Briefwechsel treten.

Für die meisten von Goethes Freundschaften ist eine gewisse Distanz (z. B. kein Duzen) und ein Mangel an Intimität, ein Zurückdrängen der Emotionen kennzeichnend, und nur in wenigen Fällen kann ein geistig-seelischer Einklang über längere Zeiten durchgehalten werden, wenn sich beide Partner in unterschiedlichen Lebenskreisen bewegen. Für Goethe war die intensive Freundschaft, das Erkennen und Erkanntwerden, zugleich ein Weg zur Selbsterkenntnis und Ortung seines Wesens im Spiegel des anderen. Geistige Entwicklungen und Wandlungen offenbarten sich am deutlichsten beim Wiederbegegnen mit Freunden nach längerer Unterbrechung, die dann bei gegensätzlicher Entwicklung zum einverständlichen Abbruch führen konnten.

Wenn hier nur von Männerfreundschaften die Rede ist, so weil ein Vergleich mit den Mädchen- oder Frauenfreundschaften Goethes, die viel stärker emotionalisiert auf einer anderen Ebene stehen, äußerst problematisch wäre.

Unter den Kinder- und Teenagerfreundschaften Goethes aus der Frankfurter Zeit haben die wenigsten die Jugendperiode und eine zeitweise räumliche Trennung überlebt. Hier sind es symptomatischerweise die etwas späteren und praktisch nur die literarischen Freundschaften, die sich über die Frankfurter Zeit hinaus hielten, später wieder aufgenommen oder bei Gesinnungswandel abgebrochen wurden. Die Freundschaft mit Johann Caspar Lavater zerbrach an dessen christlicher Schwärmerei und seiner Bekehrungssucht. Johann Heinrich Merck aus dem Kreis der Darmstädter Empfindsamen, der vielleicht als erster Goethes zukünftige Größe erkannte und sie kritisch, teils mit beißendem Spott, förderte, ging aus hypochondrischer Erbitterung gegen die Welt 1791 in den Freitod. Die für beide Seiten vielversprechende, zeitweise enge und sentimentale Freundschaft mit Friedrich Heinrich Jacobi und seinem Bruder in Düsseldorf endete an divergierenden Denkweisen, sie erlag Jacobis moralisierenden Urteilen über Goethes Romane und religiösen Differenzen. «Wir liebten uns, ohne uns zu verstehen.» *(Biographische Einzelnheiten)* Solche Brüche früher enger Freundschaften waren Goethe äußerst unangenehm, ebenso im Verhältnis zu den Brüdern Christian und Friedrich Leopold Graf zu Stolberg-Stolberg, mit denen Goethe 1775 eine kraftgenialische Schweizer Reise gemacht hatte, das durch Stolbergs Konversion 1800 und seinen Gesinnungswandel ein bedauerliches Ende fand. Von den übrigen Frankfurter Jugendfreunden blieb Goethe nur mit dem Sturm-und-Drang-Dramatiker Friedrich Maximilian Klinger in Kontakt, konnte ihm aber bei seinem Besuch in Weimar keine Anstellung bieten. Klinger ging als Offizier und Kurator der Universität Dorpat nach Rußland.

Von den Leipziger Studienfreunden hielt der originelle und exaltierte Ernst Wolfgang Behrisch, später Hofmeister in Dessau, mit seiner Abneigung gegen den Buchdruck trotzdem den Kontakt durch Besuche aufrecht.

In Straßburg traf Goethe 1770/71 neben Herder, mit dem ihn zeitlebens eine großen Schwankungen unterworfene, schwierige Freundschaft dort und in Weimar verband, einen von J. D. Salzmann geleiteten Kreis deutscher Sturm-und-Drang-Dichter vor. Ihm gehörten vor allem an: der Dramatiker J. M. R. Lenz, der nach Goethes Abreise seine Stelle bei Friederike Brion einnehmen wollte, sich in Weimar durch eine «Eselei» untragbar machte, zeitweise geistesgestört war und schließlich in Moskau endete; der Dramatiker Heinrich Leopold Wagner, von «keinen außerordentlichen Gaben» (*Dichtung und Wahrheit* 14), der mit goethenahen Texten mehrfach peinliche Situationen für Goethe hervorrief; und der pietistische Schriftsteller und Geisterseher Johann Heinrich Jung-Stilling, dessen Autobiographie Goethe zum Druck gab.

Mit der Übersiedlung nach Weimar weitete sich in den 57 Jahren seiner Anwesenheit der Kreis der Freunde und zog sich zugleich bei der räumlichen Enge weiter zusammen. Hier lassen sich zugleich auch graduelle Unterschiede feststellen: zu den engsten Freunden gehörten der «Ur-Freund» Carl Ludwig von Knebel, der als Prinzenerzieher 1774 nach Weimar gekommen war und im Ruhestand seinen vielseitigen Interessen lebte. Er vermittelte Goethe 1774 die Bekanntschaft mit Herzog Carl August und zog damit sich und dem Herzog einen guten Freund nach Weimar, der dem Herzog bald unentbehrlich war.

Zu den weiteren engen Freunden gehörten die literarischen Helfer und Hausgenossen J. P. Eckermann, H. Meyer (der Kunscht-Meyer), Friedrich Wilhelm Riemer, der Hauslehrer und Sekretär, ferner der Prinzenerzieher Frédéric Jacob Soret und natürlich seit seinem Umzug nach Jena und Weimar Friedrich Schiller, mit dem Goethe auf literarisch-ästhetischer Ebene zu starker Übereinstimmung kam, doch aus einer Art Hochachtung das distanzierte «Sie» beibehielt. Ein enger persönlicher Freund wurde ab 1799 auch der Berliner Liederkomponist Carl Friedrich Zelter; hier war das Band über die Entfernung hin ein intensiver und menschlich warmer Briefwechsel sowie Zelters Kompositionen der Lieder Goethes.

Hinzu treten die Weimarer Literaten Christoph Martin Wieland und der Verleger F. J. J. Bertuch («entsetzlich behaglicher Laps», Tagebuch 19. 1. 1780), der Kanzler (Justizminister) Friedrich von Müller, der seine Unterhaltungen mit Goethe aufzeichnete, der Staatsminister Christian Gottlieb Voigt, Goethes rechte Hand bei seiner Amtstätigkeit und verläßlicher Vermittler bei Meinungsverschiedenheiten mit dem Herzog, sowie der Maler Georg Melchior Kraus, der «heiterste Mann, immer gleich, immer gesellig und gefällig» (*Tag- und Jahreshefte* 1807), der das klassische Weimar in Bild und Porträts festhielt.

Aus Italien ergänzen die Liste die Maler Johann Heinrich Wilhelm Tischbein, Goethes Hausgenosse in Rom, und Jakob Philipp Hackert in Neapel, die beide Goethe vom Künstlerberuf abrieten. Aus Berlin kommt Wilhelm von Humboldt dazu, aus Köln der Kunstsammler Sulpiz Boisserée, der es sogar fertigbrachte, Goethes Interesse an gotischer Baukunst wenigstens zeitweise wieder zu erwecken.

Da Goethe mit dem Begriff Freund mitunter recht generös umging, kämen bei näherer Sicht noch zahlreiche weitere Personen in Betracht; dennoch stellen die genannten nur einen geringen Promillesatz der Goethefreunde späterer Jahrhunderte dar.

52. Wie kam Goethe mit seinem Herzog aus? Manche Freundschaften arten rasch in Arbeit aus, zumal wenn das wirtschaftliche Gleichgewicht der Partner nicht vorhanden ist. Das war auch Goethes Fall.

Carl August (1757–1828), 1775 Herzog, 1815 Großherzog von Sachsen-Weimar-Eisenach, wurde unter der Vormundschaft seiner Mutter Anna Amalia, die auch 1758–75 die Regentschaft führte, von strengen Prinzenerziehern und seit 1772 von Wieland im Sinne eines aufgeklärten Absolutismus erzogen. Auf einer Bildungsreise nach Paris lernte er durch Vermittlung Knebels am 11. Dezember 1774 in Frankfurt den acht Jahre älteren Goethe, Verfasser des *Götz* und der *Leiden des jungen Werthers* kennen. Sie müssen wohl Achtung, Vertrauen und Gefallen aneinander gefunden haben, denn Goethe folgte zwei Tage darauf einer Einladung nach Mainz. Im Mai 1775 traf Goethe wieder den Herzog mit dessen Braut Louise von Hessen-Darmstadt in Karlsruhe. Am 3. Oktober 1775 fand dort die Hochzeit statt. Auf der Hinreise zur Hochzeit des mittlerweile volljährigen Herzogs und auf der Rückreise des Paars nach Weimar, am 22. September und am 12. Oktober, traf man sich wieder in Frankfurt, und bei dieser Gelegenheit lud der Herzog Goethe aus spontaner Laune, doch offiziell, zu einem Besuch in Weimar ein. Das war die folgenreichste Entscheidung seines Lebens. Es gab noch Komplikationen mit dem Reisegefährt, und Goethe wäre beinahe dem Rat seines Vaters gefolgt und nach Italien abgereist. Doch dann traf er am 7. November 1775 in Weimar ein, wo er einen lebenslangen Freund zu fast täglichem Umgang und eine Lebensaufgabe für 53 Jahre fand.

Carl August war ein intelligenter, stämmiger, kraftstrotzender Mann, ein urteilssicherer Politiker und ein Dickschädel in der Verfolgung seiner Ziele, und er hatte sich vorgenommen, sein kleines Land durch Heranziehung großer Geister zu einem geistigen Zentrum zu machen. Zwar schien es anfangs so, als würde Weimar eine Fortsetzung des kraftgenialischen Sturm-und-Drang-Treibens in Frankfurt erleben, in dem die beiden ihren jugendlichen Übermut am Formenzwang des antiquierten Hofzeremoniells in wilden Parforceritten, Jagden, Dorftänzen, Streichen, Albernheiten und derben Späßen abreagierten und Carl August durch persönlichen Einsatz für die Vermehrung der Landeskinder sorgte. Doch bald setzte der Ernst des Hoflebens ein. Die erwiderte Zuneigung führte zur gegenseitigen Anerkennung und Hochachtung, die sich auch später über persönliche und politische Differenzen hinweg bewährte. «Er saß ganze Abende bei mir in tiefen Gesprächen über Gegenstände der Kunst und Natur und was sonst allerlei Gutes vorkam. Wir saßen oft tief in die Nacht hinein, und es war nicht selten, daß wir nebeneinander auf meinem Sofa einschliefen.» (zu Eckermann 23. 10. 1828) Goethe als der ältere führte den ungestümen und ehrgeizigen Herzog auch mittels der gemeinsamen Schweizer Reise von 1779 zu Selbstbeherrschung, Pflichtgefühl und Arbeitseifer und wurde seinerseits fast unfreiwillig und gegen das Widerstreben der Hofbeamten, doch mit dem Beistand der Herzoginmutter, mit Ämtern und Aufgaben zur Modernisierung des Landes überhäuft. Denn er besaß das herzliche und herzogliche Vertrauen des Freundes, der alles daran setzte, den vielbewunderten Goethe ganz an sich und an Weimar zu binden. Diesem Zweck dienten auch die Grundstücksgeschenke wie das Gartenhaus und das Haus am Frauenplan. Verständnisvoll verzieh und bezahlte der Herzog auch Goethes Ausbruch aus der Weimarer Enge auf seiner heimlichen Reise nach Italien.

Andererseits gelang es Goethe, die erotischen Eskapaden und Affären, die wilde Kraftverschwendung und die Übergriffe aus den staatlichen Kassen nach und nach zu mildern, wie es das Gedicht *Ilmenau* (1783) im Lob des Herzogs darstellt. Mit Sorge betrachtete Goethe die politischen Ausbrüche des Freundes in die Reichspolitik, dem das

Abb. 7 Herzog Carl August. Ölgemälde von J.E. Heinsius. 1773/74.

Herzogtum zu eng für seinen großen Tatendrang war, etwa 1790 nach Schlesien, 1792 zur Campagne in Frankreich und 1793 zur Belagerung von Mainz, bei denen der Herzog den kriegsunlustigen Goethe an seiner Seite wünschte. Goethe murrte auch nicht, als er 1790, von Sehnsucht nach Christiane und August geplagt, die Herzoginmutter Anna Amalia in Venedig abholen und auf der Heimreise begleiten sollte. Die Verbindung Carl Augusts mit der Schauspielerin-Prima-donna Caroline Jagemann 1802 allerdings schuf dem Theaterleiter mit dem Blick auf sich selbst weniger moralische als Subordinations-probleme, und, um beim Thema zu bleiben, des Herzogs Hundemeute, mit der er sich umgab, und sein ständiges Tabakrauchen fanden ebensowenig Goethes Applaus. Aber über solche und kleinere Miß-helligkeiten und zeitweise Entfremdungen setzten sich beide elegant hinweg, ohne daß ihre Freundschaft darunter litt.

Vom Tod des Herzogs auf einer Reise im Schloß Graditz bei Tor-gau seelisch schwer getroffen, zog sich Goethe noch vor der Beiset-zung zur Sammlung für zwei Monate nach Dornburg zurück. Die bedeutendste Symbiose von Politik und Literatur in Deutschland ging damit in das Stadium der Erinnerung an die Weimarer Klassik ein: «Klein ist unter den Fürsten Germaniens freilich der meine; / Kurz und schmal ist sein Land, mäßig nur, was er vermag. / Aber so wende nach innen, so wende nach außen die Kräfte / Jeder: da wär's ein Fest, Deutscher mit Deutschen zu sein .... Denn mir hat er gege-ben, was Große selten gewähren, / Neigung, Muße, Vertraun, Felder und Garten und Haus. / Niemand brauch' ich zu danken als ihm, und Manches bedurft' ich, / Der ich mich auf den Erwerb schlecht, als ein Dichter, verstand.» (*Venezianische Epigramme* 34 b)

Und in der *Campagne in Frankreich* heißt es unter dem 29. Oktober 1792:

«Seit zwölf Jahren genoß ich eines seltenen Glückes, des Vertrau-ens wie der Nachsicht des Herzogs von Weimar. Dieser von Natur höchst begünstigte, glücklich ausgebildete Fürst ließ sich meine wohlgemeinten, oft unzulänglichen Dienste gefallen und gab mir Gelegenheit, mich zu entwickeln, welches unter keiner andern vater-ländischen Bedingung möglich gewesen wäre; meine Dankbarkeit war ohne Grenzen.»

53. Hat Goethe Eckermann ausgebeutet? Zwölfe waren es, die aus Liebe zu ihm ihren Beruf aufgaben, bei ihm in die Lehre gingen, seine Gespräche aufzeichneten und sie zu einer Art Biographie zu-sammenstellten. Hat der Mann aus Nazareth sie ausgebeutet, sie be-zahlt oder ihnen auch nur ein Himmelreich versprochen? Gewiß nicht. Genies, so scheint es, können andere ausbeuten, vielleicht so-gar ohne es zu wollen, wenn sie glauben, daß die anderen nichts Bes-seres wünschen, als in ihrer Nähe für sie zu wirken.

Ausbeutung allerdings setzt ein Verhältnis voraus, bei dem der Ausbeuter den Ausgebeuteten in einer Zwangssituation festhält, die ihm keinen Ausweg, keinen Fluchtweg läßt. Gewerkschaftler mögen heute anders darüber denken und wie üblich nichts daran ändern, aber Goethe war kein Tarifpartner und Eckermann kein Lohnabhängiger. Natürlich sind Idealismus und Begeisterung am leichtesten auszubeuten, und die Ausbeutung stellt die Grenze des Idealismus auf eine harte Zerreißprobe: Bei welchem Betrag hört der Idealismus auf?

Johann Peter Eckermann (1792–1854) war kein großer Idealist. Als Sohn eines Hausierers und einer Spinnerin und Näherin in einer Hütte in Winsen an der Luhe geboren, war er durch eine schwere, arbeitsreiche Jugend gedrückt. Sein Zeichentalent fand ihm erste Gönner, die ihn am Privatunterricht ihrer Kinder teilnehmen ließen. Er wurde Schreiber, Kanzleisekretär, 1813 Kriegsfreiwilliger und entdeckte in den Kirchen Flanderns die Kunst, wollte sie in Hannover bei H. Ramberg studieren, wurde aber durch die Einsicht in die Unmöglichkeit einer Künstlerexistenz zur Rückkehr in die Schreibstuben gezwungen. In der Freizeit entdeckte er durch Lektüre die Literatur und für sich besonders Goethe, der ihm eine quasi-religiöse Offenbarung ist: «Ich las seine Lieder, und las sie immer von neuem, und genoß dabei ein Glück, das keine Worte schildern. Es war mir, als fange ich erst an aufzuwachen und zum eigentlichen Bewußtsein zu gelangen; es kam mir vor, als werde mir in diesen Liedern mein eigenes, mir bisher unbekanntes Innere zurückgespiegelt ... Ich lebte in diesen Liedern ganze Wochen und Monate ... Den *Faust* ... las ich alle Festtage. Bewunderung und Liebe nahm täglich zu, ich lebte und webte Jahr und Tag in diesen Werken und dachte und sprach nichts als von Goethe.» (Einleitung der *Gespräche*)

Eckermann besuchte das Gymnasium, studierte drei Semester in Göttingen und publizierte 1821 einen mediokren Gedichtband, den er Goethe sandte. Ein erster Versuch, ihn zu treffen, schlug 1821 fehl, da Goethe in Eger war. Aber Eckermann gab nicht auf. Er schrieb auf dem Dorf seine *Beiträge zur Poesie, mit besonderer Hinweisung auf Goethe* und sandte das Manuskript an Goethe, der Klarheit, Gedankenfluß, Geist und Stil lobte und die Publikation bei Cotta vermittelte. Nach einem Fußmarsch nach Weimar traf er Goethe am 10. Juni 1823 bei den Vorbereitungen zum Abschluß seiner «Ausgabe letzter Hand» und auf der Suche nach einem geeigneten, verläßlichen Mitarbeiter an. Der stellenlose, arbeitswillige Eckermann schien Goethe dafür befähigt, und dieser machte ihm ein Angebot zu – für sich – denkbar günstigen Bedingungen: kaum Lohn, gelegentlich Mittagstisch und Einladungen, Theater-Freikarten und später ein Doktortitel aus Jena. Als Verdienstmöglichkeit könne er Deutschstunden für englische Gäste in Weimar geben. Mit der Arbeit könne er sogleich beginnen und Goethes anonyme Artikel aus Zeitschriften heraussuchen. Goethe war's zufrieden und Eckermann auch: «Ich war beglückt, Goethen wieder nahe zu sein, ... und ich fühlte mich ihm mit meinem ganzen Innern hingegeben. Wenn ich nur dich habe und haben kann, ... so wird mir alles übrige recht sein». (15.9.1823) – eine Kleinigkeit für Goethe, einen solchen Mann an sich zu ziehen, ihn ganz an Weimar zu binden und ihm später geplante Ausbruchsversuche ganz auszureden!

So sollte es fast zehn Jahre bleiben. Eckermann verzichtete auf Reisen und erstrebte Goethes Nähe und Zuneigung, nur wollte er nicht Goethes Sekretär genannt werden. Goethe bedurfte Eckermanns Hilfe und erst recht seiner redaktionellen Arbeit und Unterstützung bei *Dichtung und Wahrheit, Wanderjahre* und *Faust* II.

Bald nach seiner Ankunft in Weimar hatte Eckermann überdies den Plan gefaßt, Goethes Gespräche aufzuzeichnen. Goethe kam der Plan sehr gelegen, und er nahm lebhaften Anteil an diesem «Hauptgeschäft» Eckermanns, das gewissermaßen seine Autobiographie fortsetzen könnte. Die Autorisierung der Arbeit und der Vorschlag einer Publikation nach Goethes Tod banden Eckermann noch fester an Goethes Existenz. Doch Eckermann blieb mit seinen Aufzeichnungen zurück: erst 1836 erschienen zwei Bände, 1848 ein dritter Band unter Einbeziehung der Aufzeichnungen Sorets.

Eckermanns *Gespräche mit Goethe in den letzten Jahren seines Lebens* sind keine Protokolle, sondern eine Synthese seiner Erfahrungen mit Goethe als Vorbild und Meister. Sie waren bis etwa 1860 sogar ein Mißerfolg und wurden erst dann ein Volksbuch der Goethefreunde, das auch Nietzsche schätzte («Das beste deutsche Buch, das es gibt»), und die nicht wörtliche, doch sinngemäße Echtheit seiner Berichte ist kaum noch zu bezweifeln.

In seinem Testament bestimmte Goethe Eckermann zum Herausgeber seiner nachgelassenen Schriften bei 5 % des von ihm zu erwartenden Honorars. Nach Goethes Tod war Eckermann zusehends vereinsamt. Einer unglücklichen Liebe zu einer Schauspielerin folgte 1831 nach zwölfjähriger Verlobungszeit seine kümmerliche Ehe mit

Johanna Bertram, von der Goethe keine Notiz nahm. Sie starb 1834 im Kindbett. Bemühungen um eine erträgliche bürgerliche Existenz brachten ebensowenig Ergebnisse wie Goethes Versprechungen. Auch die 1842 mit dem Hofratstitel verbundene Rente war minimal.

Selbstlos, uneigennützig und ohne materiellen Gewinn stellte Eckermann sein Leben in den entsagungsvollen Dienst eines anerkannten Großen. Den Dank, den Goethe und die Nachwelt ihm schulden, durfte er nicht mehr erleben.

54. Wie fanden Goethe und Schiller zueinander? Es sieht nicht gut aus für die deutsche Literatur, wenn die zwei bedeutendsten Schriftsteller nicht miteinander befreundet sein können, ohne daß die Kollegen oder das Publikum Heuchelei, Rivalität, Neid, Eifersucht, Intrige oder gar Mordpläne dahinter vermuten. Das alles aber hat man vor gar nicht zu langer Zeit unseren Klassikern andichten wollen und sich nicht gescheut, in der Weimarer Fürstengruft verlauten zu lassen: «Hier also ruht der Mörder neben dem Ermordeten.»

Erwartete man dergleichen von großen Dichtern, oder lag es auch daran, daß man am literarischen Schaffen beider nicht Genüge fand und solche Gerüchte als Werbeplots in die Welt setzte, um die Aufmerksamkeit vom Werk auf die Personen zu lenken? Das wohl kaum.

Goethe sah in seinem Zusammentreffen mit Schiller später einen Eingriff des Dämonischen: «So waltete bei meiner Bekanntschaft mit Schillern durchaus etwas Dämonisches ob; wir konnten früher, wir konnten später zusammengeführt werden; aber daß wir es grade in der Epoche wurden, wo ich die italienische Reise hinter mir hatte und Schiller der philosophischen Spekulationen müde zu werden anfing, war von Bedeutung und für beide von größtem Erfolg.» (zu Eckermann 24. 3. 1829) Diese Auffassung entspricht Goethes fragwürdiger Privatdämonologie. Doch ohne das Dämonische, eine Schicksalsfügung oder gar «Vorsehung» dafür zu bemühen, daß er und Schiller im rechten Moment ihrer Entwicklung zueinander geführt wurden, könnte man es bescheidener einfach als einen glücklichen Zufall bezeichnen und damit sogar recht haben.

Es bedurfte ferner eines langen Weges, bis die nach Herkunft, Bildungsweg, Charakter, Temperament und Denkweise so unterschiedlichen oder gar gegensätzlichen «Dioskuren», der empirische Realist mit Neigung zur Synthese Goethe und der reflektierende Idealist mit

Neigung zu Dialektik und Antithese Schiller, eine gemeinsame Basis fanden und damit den Sonderweg der deutschen Literatur in der sogenannten Weimarer Klassik begründeten.

Die ersten möglichen Begegnungen, Goethes Anwesenheit beim Stiftungsfest der Stuttgarter Karlsschule am 14.12.1779, Schillers Anwesenheit in Weimar seit August 1787 während Goethes Italienaufenthalt und die erste persönliche Begegnung bei Lengefelds in Rudolstadt im September 1788, brachten keine Annäherung. Goethe sah in Schiller noch den unreifen Sturm-und-Drang-Dichter der *Räuber*, der ihn an seine eigene, überwundene Periode gemahnte und der ihm zuwider war, «weil ein kraftvolles, aber unreifes Talent gerade die ethischen und theatralischen Paradoxen von denen ich mich zu reinigen gestrebt, recht im vollen hinreißenden Strome über das Vaterland ausgegossen hatte.» *(Glückliches Ereignis)* Schiller seinerseits betrachtete den arrivierten Dichter Goethe, der seinem Aufstieg im Wege stand, mit Neid und Haßliebe: «Öfters um Goethe zu sein, würde mich unglücklich machen ... Mir ist er dadurch verhaßt, ob ich gleich seinen Geist von ganzem Herzen liebe und groß von ihm denke .... Eine ganz besondere Mischung von Haß und Liebe ist es, die er in mir erweckt hat ... ich könnte seinen Geist umbringen und ihn wieder von Herzen lieben.» (an Körner 2.2.1789) und «Dieser Mensch, dieser Goethe ist mir einmal im Wege, und er erinnert mich so oft, daß das Schicksal mich hart behandelt hat. Wie leicht ward sein Genie von seinem Schicksal getragen, und wie muß ich bis auf diese Minute noch kämpfen!» (an Körner 9.3.1789)

Vom November 1788 bis Mai 1789 wohnten Goethe und Schiller nebeneinander in Weimar und verkehrten in denselben Kreisen, ohne näheren Kontakt zu suchen. Auch nach der von Goethe bewirkten Berufung Schillers auf eine (unbesoldete) Geschichtsprofessur in Jena 1789 änderte sich wenig. Erst Schillers Einladung an Goethe zur Mitarbeit an den *Horen* und Goethes Zusage brachten brieflichen Kontakt. Die bisherige kühle bis abweisende Haltung beider Dichter beruhte weitgehend auf Mißverständnissen und Fehldeutungen des gegenseitigen Verhaltens, vor allem aber auch auf dem Fehlen näherer persönlicher Bekanntschaft, die zu Mißtrauen und Mißverhältnissen Anlaß gab. Sie darf nicht als eine im weiteren Verlauf nur überdeckt fortbestehende Aversion mißdeutet werden.

Den großen Wendepunkt brachte nach einer Sitzung der Naturforschenden Gesellschaft in Jena am 20. Juli 1794 das berühmte Gespräch beider über die Urpflanze und Idee (Schiller) und Erfahrung (Goethe) in der Naturerkenntnis *(Glückliches Ereignis)*. Damit waren die verschiedenen Standpunkte und Sichtweisen abgesteckt und eine Brücke geschlagen, die zur gegenseitigen Anerkennung und zur Verständigung führte: «Schillers Anziehungskraft war groß, er hielt alle fest, die sich ihm näherten.» *(Glückliches Ereignis)*

In einem langen Geburtstagsbrief vom 23. August 1794 zog Schiller nach Goethes Worten «die Summe meiner Existenz» (an Schiller 27.8.1794) und führte die Polarität zweier Dichtertypen im Aufsatz *Über naive und sentimentalische Dichtung* (1795) unparteiisch weiter aus. Auf dieser Basis gegenseitiger Anerkennung folgten die Schritte zum literarisch-ästhetischen Gedankenaustausch, zum gemeinschaftlichen Wirken aus gleichem, ebenbürtigem Geiste, und längere Aufenthalte beider jeweils in Weimar oder Jena vertieften das Einverständnis. Es gipfelte in Schillers Übersiedlung nach Weimar am 3. Dezember 1799 und seither häufigem persönlichem Zusammentreffen, zwei- bis dreimal wöchentlich.

Beide versuchten in regem Gedankenaustausch, sich gegenseitig aus einer künstlerischen und geistigen Krise zu retten, in der sie sich Prosaschriften zuwandten. Goethe sprach von einer «zweiten Jugend» (an Schiller 6.1.1798) und einem «neuen Frühling» *(Tag- und Jahreshefte* 1794) für sich und die Literatur. «Ein Glück für mich war es indes, daß ich Schillern hatte. Denn so verschieden unsere beiderseitigen Naturen auch waren, so gingen doch unsere Richtungen auf Eins, welches denn unser Verhältnis so innig machte, daß im Grunde keiner ohne den anderen leben konnte.» (zu Eckermann 7.10.1827)

Beide wirkten zusammen als Arbeitsgemeinschaft am kulturkritischen Frontalangriff gegen die herrschende mittelmäßige Literatur mit den *Xenien* (1796), widmeten sich dann der Balladendichtung (1797) und arbeiteten gemeinsam an der Bereicherung des Weimarer Theaterrepertoires. Wichtiger noch wurde der gegenseitige Einfluß auf das Werkschaffen. Schiller nahm Einfluß auf Goethes *Hermann und Dorothea* und die *Lehrjahre*, drängte Goethe zum Abschluß des *Faust* und wies ihn auf den Stoff der *Natürlichen Tochter* hin. Goethe beeinflußte Schillers *Wallenstein* und *Maria Stuart* und überließ ihm den Wilhelm Tell-Stoff.

Mit Schillers Tod 1805 verlor Goethe seinen einzigen ebenbürtigen Gesprächspartner: «Ich ... verliere nun einen Freund und in demselben die Hälfte meines Daseins» (an Zelter 1.6.1805). An Schillers

Begräbnis konnte er, emotional zu sehr betroffen, krank und allergisch gegen Totenfeiern, nicht teilnehmen. Zum Andenken des Freundes, den er zeitlebens gesiezt hatte, plante er eine (aufgegebene) Fortsetzung des *Demetrius*-Fragments, schrieb mehrere poetische Nekrologe *(Schillers Totenfeier; Schillers Reliquien)* und vergaß nie die vornehme Gesinnung dieses «letzten Edelmannes unter den deutschen Schriftstellern» (zu Boisserée 3.8.1815) und die geistige Bereicherung durch ihn:

«Mit Schiller, dessen Charakter und Wesen dem meinigen völlig entgegen stand, hatte ich mehrere Jahre ununterbrochen gelebt, und unser wechselseitiger Einfluß hatte dergestalt gewirkt, daß wir uns auch da verstanden, wo wir nicht einig waren. Jeder hielt alsdann fest an seiner Persönlichkeit so lange bis wir uns wieder gemeinschaftlich zu irgend einem Denken und Tun vereinigen konnten.» (Goethe, *Jacobi*).

Die Herausgabe des Briefwechsels mit Schiller (1828/29) setzte der Freundschaft ein literarisches, die gemeinsame Beisetzung in der Weimarer Fürstengruft ein irdisches und das Goethe-und-Schiller-Denkmal Ernst Rietschels vor dem Weimarer Hoftheater ein würdiges sichtbares Denkmal dieser so einzigartigen Dichterfreundschaft über alle Unterschiede und Spannungen hinweg.

55. War Goethe ein Kinderfreund? Für viele einsame Menschen sind Hunde ein Kinderersatz. Das Gegenteil wäre unwürdig. Wer aber Hunde nicht mochte wie Goethe, mußte auch nicht unbedingt ein Kinderfreund sein. Goethe war es, und sein Umgang mit Kindern zeigt den Klassiker von einer Seite, die die seriöse Literaturwissenschaft sehr wenig beachtet hat, als ob man so einfache, fast primitive Gefühle bei Genies nicht voraussetzen kann. Tatsache aber ist, daß Goethe im Unterschied zu den vorherrschenden Tendenzen seiner Zeit einen tiefen Sinn für die Psychologie und die Eigenheiten des Kindes ausbildete und in der Kindheit eine vorausdeutende Entwicklungsphase des Menschen sah. Ganz von der alltäglich-praktischen Seite und ohne jede Verwissenschaftlichung behielt Goethe zeitlebens einen emotionsstarken Zugang zur kindlichen Welt und veranstaltete bis ins Alter Jahr für Jahr Kinderfeste, deren Beobachtung ihm eine stete Quelle der Freude war. Nur ein geringer Teil seiner Liebe zur Kinderwelt ist in seine Dichtung eingegangen, doch seine Freunde und Besucher legen Zeugnis davon ab, wie einfache, unverdorbene

Kinder mit allen guten Keimen künftiger Entwicklung ihm von höchstem Reiz waren, wie ihn kindliches Spiel, kindlicher Frohsinn, kindliche Neugier, ihre unverfälschte Freude und ihre unerschöpfliche Phantasie anzogen. Aus dem Umgang mit Kindern ergeben sich Einsichten wie: «Kinder sind die besten Lehrmeister, die man wählen kann, ... weil sie eine viel verständlichere Sprache sprechen als unsereins.» (zu Soret 13. 7. 1824) «Von ihnen kann man leben lernen und selig werden.» (an Ch. von Stein 22. 9. 1781) «Kinder wissen beim Spiel aus allem alles zu machen.» (*Lehrjahre* I, 8)

Sein ganz natürliches Verfahren, sich mit Kindern zu beschäftigen, ihnen zuzuhören, sich mit ihnen in ihrer Sprache zu unterhalten, sie bei Spiel und Scherz verständnisvoll zu beobachten, führte ihn zu genauer Kenntnis der Kinderpsyche und ließ ihn lange vor der Anthropologie den Eigenwert der Kindheit innerhalb der Lebensentwicklung erkennen.

Dabei erstreckten sich Goethes Beobachtungen nicht nur auf seinen Sohn und seine Enkel und deren Spielkameraden; Charlotte von Steins Sohn Fritz, Kestners Kinder, die Kinderschar Herders, Wielands, Knebels und Jacobis, auch die Prinzessinnen Maria und Augusta, die spätere Kaiserin, fanden in ihm einen aufmerksamen Förderer, Berater und väterlichen Freund. Sie gaben nur zum Teil Vorbilder ab für die vielen Kindergestalten, die alle seine Romane durchziehen: Götz' Sohn Karl, Lottes Geschwister, Felix, Hersilie und Mignon im *Wilhelm Meister* bis zum Euphorion im *Faust II*.

«Meinem Herzen sind die Kinder am nächsten auf der Erde. Wenn ich ihnen zusehe und in dem kleinen Dinge die Keime aller Tugenden, aller Kräfte sehe, die sie einmal so nötig brauchen werden, wenn ich in dem Eigensinne künftige Standhaftigkeit und Festigkeit des Charakters, in dem Mutwillen guten Humor und Leichtigkeit, über die Gefahren der Welt hinzuschlüpfen, erblicke, alles so unverdorben, so ganz! – immer, immer wiederhol ich dann die goldnen Worte des Lehrers der Menschen: Wenn ihr nicht werdet wie eines von diesen!» (*Werther* I. 29. Juni)

«Das Kind, an und für sich betrachtet, mit seinesgleichen und in Beziehungen, die seinen Kräften angemessen sind, scheint so verständig, so vernünftig, daß nichts drüber geht, und zugleich so bequem, heiter und gewandt, daß man keine weitere Bildung für dasselbe wünschen möchte.» (*Dichtung und Wahrheit* 2)

«Es war eine Lust, den Alten mit Kindern, die immer ab und zu bei ihm vorkamen, sprechen zu hören, denn er hat eine rührende Art, sich mit ihnen zu unterhalten, und spricht dann ganz in ihrem Sinne, drum sie auch an ihm hängen und ganz mit ihm vertraut sind.» (O. M. Freiherr von Stackelberg, 15. 11. 1829)

56. Wie behandelte Goethe seine Verleger? Verleger sein war auch zu Goethes Zeiten durchaus kein Zuckerschlecken. Nicht nur hatten sie oft mit widerborstigen Autoren zu tun, deren Selbstüberschätzung teilweise keine Grenzen kannte. Viel schlimmer und gefährlicher noch waren die Rivalen auf dem Büchermarkt, die Nach- und Raubdrucker, denn im Unterschied zu den Autoren kannten sie die Praktiken und Tricks des Marktes, Profit ohne Investition zu machen. Da es noch kein Urheberrecht für geistiges Eigentum gab und Druckerprivilegien nur bis an die Grenzen der jeweiligen Kleinstaaten reichten, waren den Nachdruckern, besonders des *Werther*, Tor und Tür geöffnet, und die Gegenmittel wie billige Fortdrucke und Nachdrucke waren ebenso legal oder illegal wie die Praktiken der Nachdrucker.

Goethe hatte anfangs unter dem Einfluß von Behrisch eine Abneigung gegen die das Dichtwerk als Massenprodukt und käuflich verbreitende Publikation und ließ seine Frühwerke, wenn überhaupt, dann anonym oder auf Selbstkosten drucken, die dann wie der *Götz* von 1773 das unerwartete Gegenteil von Kosten, nämlich Unkosten, verursachten. Seine ersten Verleger waren J. G. I. Breitkopf, J. C. Deinet, C. F. Weygand, mit dem ein ungünstiger Vertrag für den *Werther* trotz des Riesenerfolgs kaum Honorar einbrachte, und A. Mylius, aber die Erfahrungen mit ihnen waren im allgemeinen nicht gerade ermutigend.

Durch Vermittlung Bertuchs erschien die erste rechtmäßige Ausgabe seiner *Schriften* (VIII 1787-90) bei G. J. Göschen, doch wegen dieses Mißerfolgs und einer unrechtmäßigen billigen Ausgabe brach Goethe mit ihm. Dann kamen die *Neuen Schriften* (VII 1792-1800) bei J. F. G. Unger heraus, der sich ebenfalls durch Doppeldrucke und nachträgliche Auflagenerhöhung Goethes Sympathien verscherzte. Es folgten Einzeldrucke wie *Hermann und Dorothea* bei Vieweg, der jahrelang Nachdrucke publizierte. Schließlich wurde durch Schillers Vermittlung seit 1798 J. F. Cotta der bevorzugte und ab 1802 alleinige Hauptverleger von Goethes Einzelwerken und dann auch der großen Werkausgaben (XIV 1806-17, XX 1815-19) und schließlich nach einer Art Auktion unter 36 interessierten Verlegern auch der *Ausgabe letzter Hand* (LX 1827–42), für die Goethe vom Deutschen Bund ein staatliches Nachdruckprivileg und von Cotta 72 500 Taler Honorar erhielt.

Während Goethe im Anfangsstadium seiner Schriftstellerlaufbahn die Produktion wichtiger war als die Publikation, wickelte er die späteren Verlagsverbindungen auf rein geschäftlich-unpersönlicher Basis ab und stellte in rechter Einschätzung seines ökonomischen Wertes unnachsichtig unüblich hohe Honorarforderungen. Auch mit Cotta, der Goethe 1797 als Hausgast in Tübingen aufnahm, ihn auf der Leipziger Messe 1800 traf und ihn seither mehrfach in Weimar besuchte, war Goethe in Honorarfragen unerbittlich: « Es ist, um es gerade heraus zu sagen, kein guter Handel mit Goethe zu treffen, weil er seinen Wert ganz kennt und sich selbst hoch taxiert, und auf das Glück des Buchhandels, davon er überhaupt nur eine vage Idee hat, keine Rücksicht nimmt. Es ist noch kein Buchhändler in Verbindung mit ihm geblieben. Er war noch mit keinem zufrieden, und mancher mochte auch mit ihm nicht zufrieden sein. Liberalität gegen seine Verleger ist seine Sache nicht.» (Schiller an Cotta 18.5.1802) – Und dagegen Goethe selbst: «Die Buchhändler sind alle des Teufels, für sie muß es eine eigene Hölle geben.» (zu F. von Müller 21.5.1829) Anscheinend hatte er den Kontakt dorthin verloren.

57. War Goethe ein Freimaurer? Das war schon damals kein Verbrechen oder Hochverrat, auch wenn der Volksglauben mit dem angeblichen Geheimbund und seinen Riten Mißtrauen und legendäre Vorstellungen verband und ihn einer geplanten Weltrevolution verdächtigte. Edles Menschentum, humanitäre Ethik, harmonische Lebensführung, Menschenliebe, Wahrheit, geistige Vervollkommnung, Selbstkritik, Duldsamkeit und die Verbreitung aufklärerischen Gedankenguts waren seine Ziele, Aberglaube, Chauvinismus, Intoleranz und Fanatismus seine Gegner, zu deren Bekämpfung sich die Gesellschaft Gleichgesinnter ohne Standesunterschiede zusammenfand. So etwas wie Rotary heute.

Goethe war seit 1765 in Leipzig mit der Freimaurerei bekannt geworden, lehnte aber in Frankfurt 1775 eine Annäherung ab, da er Geheimgesellschaften nicht mochte. In Weimar jedoch bewarb er sich im Februar 1780 beim Meister vom Stuhl, Minister von Fritsch, um Aufnahme in die 1764 gegründete, nach der Herzoginmutter Anna

Amalia benannte Loge, der viele Weimarer Hofleute und Intellektuelle angehörten. Mit einer merkwürdigen Zeremonie, in der ihm die Augen verbunden werden sollten – was er verweigerte – und er ein Paar Damenhandschuhe für die nächste Freundin (Charlotte von Stein) erhielt, wurde er 1780 als Lehrling aufgenommen, 1781 zum Gesellen erklärt und 1782 zusammen mit Carl August zum Meister erhoben. An den regelmäßigen Zusammenkünften im Wittumspalais nahm er kaum teil, erledigte jedoch sein Soll an poetischen Logengedichten und hielt 1813 die Logenrede zum Gedächtnis für Wieland. Im Dezember 1815 führte er auch seinen Sohn August mit dem Gedicht *Symbolum* in die Loge ein und blieb dadurch im Kontakt. Die Freimaurergesellschaft fand literarische Verklärung in der Turmgesellschaft des *Wilhelm Meister*.

58. War Goethe ein Antisemit?

Als ob die Welt, und zwar schon vor der Goethezeit, in Weiß und Schwarz, in Philosemiten und Antisemiten ohne Grauzone und ohne Möglichkeit zum Gesinnungswandel geteilt gewesen wäre und der heutige Begriff Antisemit auch nur die geringste Verwandtschaft mit den damaligen Judenfeinden gehabt hätte. Als ob jemand, dem ein Deutscher oder eine verbreitete Eigenschaft vieler Deutscher nicht gefällt, gleich ein Deutschenhasser sei. Die Geschichte hat uns gelehrt, mit solchen Pauschalurteilen höchst vorsichtig zu sein.

Antisemit ist jedenfalls falsch für Goethes anfangs zwiespältige, später differenziertere Haltung eines Zeitgenossen der Epoche der von Frankreich ausgehenden Judenemanzipation. Goethe geriet in seiner Jugend noch in Berührung mit Enge, Schmutz und Gewimmel des Frankfurter Ghettos, der Judengasse, die ihm den «unangenehmsten Eindruck» (*Dichtung und Wahrheit* I, 4) machte: «Die Gestalten der engen und finsteren Judenstadt waren mir gar befremdliche und unverständliche Erscheinungen, die meine Phantasie beschäftigten, und ich konnte gar nicht begreifen, wie dieses Volk das merkwürdigste Buch der Welt aus sich heraus geschrieben hat. Was sich allerdings in meiner früheren Jugend als Abscheu gegen die Juden in mir regte, war mehr Scheu vor dem Rätselhaften, vor dem Unschönen. Meine Verachtung, die sich wohl zu regen pflegte, war mehr der Reflex der mich umgebenden christlichen Männer und Frauen. Erst später, als ich viele geistbegabte, feinfühlige Männer dieses Stammes kennen lernte, gesellte sich Achtung zu der Bewunderung, die ich für das

bibelschöpferische Volk hege, und für den Dichter, der das hohe Lie-
beslied gesungen hat.» (A. Frankl, Juni 1811)

Goethe betrachtete die Juden um des «Andenkens der ältesten
Zeiten» willen (*Dichtung und Wahrheit* 4) auch in ihren Zeremonien,
lernte Jiddisch und später Hebräisch und schätzte die anfangs als
unsympathisch, verächtlich und lächerlich beschriebenen Juden
ohne Haß wegen ihrer geistig-künstlerischen Leistung. «Überdies
waren die Mädchen hübsch.» (*Dichtung und Wahrheit* I, 4) Bei einem
Brand in der Judengasse 1774 beteiligte er sich aktiv an den Löschar-
beiten und wehrte anschließend dem frevelhaften Übermut ihrer
schadenfreudigen Zuschauer. (*Dichtung und Wahrheit* IV,16) Unter
Einfluß Herders wuchs in Straßburg auch Goethes Interesse an
theologischen Fragen und der israelitischen Geschichte und Dichtung, besonders am Hohenlied, und zeitigte 1773–75 einige kleinere
Aufsätze.

In der Folge ergab sich eine kühlere und gerechtere Abwägung der
Vor- und Nachteile des Judentums, und Goethe betont ihre Energie,
ihr entschiedenes Streben und ihre hartnäckige Persönlichkeit. In
seinen Begegnungen und Beziehungen zu einzelnen Juden blieben
alle Herkunfts- und Glaubensprobleme unbeachtet. Als Theaterdirektor verbot er zornig jede Verspottung der Juden von der Bühne
herab, die anderorts derzeit nicht unüblich war: «Es ist schändlich,
eine Nation, die so ausgezeichnete Talente in Kunst und Wissenschaft aufzuweisen hat, gleichsam an den Pranger zu stellen!»

Erzürnt war Goethe auch über das Emanzipationsgesetz für die
Juden von 1812 – Emanzipation sei Sache des einzelnen, nicht eines
Gesetzes (zu F. von Müller 14.2.1824) – und 1815 über die Erlaubnis
christlich-jüdischer Mischehen, die «alle sittlichen Gefühle in den
Familien untergrüben.» (zu F. von Müller 23.9.1823) Das Echo jüdi-
scher Kreise auf Goethes Werk war gespalten. Während die Berliner
jüdischen Salons der Rahel Levin u. a. einen einflußreichen Goethe-
Kult trieben, verspotteten Autoren wie Börne den «Monarchen der
Literatur» und wie Heine den «Weimarer Kunstgreis».

Außer der scherzhaften *Judenpredigt* von 1765 und dem Epenfrag-
ment *Der ewige Jude* von 1774 spielt das Judentum in Goethes dichte-
rischem Werk nur eine minimale Rolle und eine solche in der Sicht
von außen. Wenn in den *Wanderjahren* (III, 9 und 11) Juden vom Bund
der Auswanderer ausgeschlossen bleiben sollen, so geschieht dies
auch in der Figurenperspektive nicht aus religiösen oder antisemiti-

schen, sondern aus vereinsrechtlichen Gründen im Interesse der Einheit der Gruppe.

Eine merkwürdige Art der Anerkennung gibt der Älteste in der Pädagogischen Provinz (*Wanderjahre* II, 2): «Das israelitische Volk hat niemals viel getaugt, wie es ihm seine Anführer, Richter, Vorsteher, Propheten tausendmal vorgeworfen haben; es besitzt wenig Tugenden und die meisten Fehler anderer Völker: aber an Selbständigkeit, Festigkeit, Tapferkeit und wenn alles das nicht mehr gilt, an Zäheit sucht es seinesgleichen. Es ist das beharrlichste Volk der Erde, es ist, es war, es wird sein.»

59. Was hatte Goethe gegen die Romantiker und Nazarener?

«Klassisch ist das Gesunde, romantisch das Kranke» (*Maximen und Reflexionen* 1031), dieser vielzitierte Schlachtruf des späten Goethe, den er ähnlich am 2. April 1829 zu Eckermann äußerte, gibt Anlaß zu der Vermutung, daß Goethe mit solchen Diagnosen nicht gerade als Arzt geeignet gewesen wäre. Der junge Goethe hätte ihn nicht geschrieben, denn damals gab es noch keine Romantik, und der späte Goethe war anscheinend soweit versteift in seiner Haltung, daß die Welt für ihn in Schwarz und Weiß, Gut und Böse, Gesund und Krank, Klassisch und Romantisch zerfiel, wobei Klassik und Romantik noch keine Epochenbegriffe, sondern nur Anschauungen waren, und Klassisch hohe Meisterschaft bedeutete.

Es ist ja keine unbekannte Erscheinung in der Literaturgeschichte, daß eine lang dominierende Richtung sich gegen eine anders orientierte jüngere Richtung, die den Absolutheitsanspruch der alten angreift, mit allen ihr zur Verfügung stehenden Mitteln wehrt, auch mit so zugespitzten Formulierungen wie oben. Dabei ist die Wirklichkeit wesentlich komplizierter.

Es fing alles so harmlos an: mit den zumeist Jenaer Frühromantikern, den Schlegels, Schelling, Tieck, Novalis u. a., pflegte Goethe gern geistigen und persönlichen Austausch über gemeinsame literarische Ziele. Erst als die jüngere, antiklassische Kunsttheorie der Romantiker um 1800 statt der Naturnachahmung den Zentralbegriff des «Unendlichen» hervorhob und mit national-patriotischen Tendenzen, einer Wiederbelebung der mittelalterlichen Kunst und Literatur, der Betonung des Unbewußt-Phantastischen und mystisch-katholisierenden Bestrebungen eine antiklassische Richtung einschlug, versagte ihr Goethe die Gefolgschaft. Sie stellte die in der

Klassik mit Mühe errungene Harmonie von Kunst und Leben durch subjektiv-irrationale Strömungen in Frage, und ihr warf Goethe ein gekünsteltes, unwahres Ideal vor: «Das Romantische ist kein Natürliches, Ursprüngliches, sondern ein Gemachtes, ein Gesuchtes, Gesteigertes, Übertriebenes, Bizarres bis ins Fratzenhafte und Karikaturartige.» (zu Riemer 28. 8. 1808)

Was Goethe an der späteren Romantik wohl am meisten irritierte, war das Eindringen religiöser, christlicher und katholischer Vorstellungen, Ideen und Symbole in den poetischen Kosmos, von denen sich die klassizistische Literatur und Kunst ferngehalten hatte. Ihr Rückgriff auf antike Religion und Mythologie verlangte keinen Glauben, sondern war in sich schön, harmonisch und ruhte in sich; sie war diesseitige Harmonie im Unterschied zur jenseitigen Spekulation der Romantik. Wenn sich die Kunst der Nazarener in der romantischen deutschen Künstlerkolonie Roms (Cornelius, Pforr, Schadow, Overbeck, Veit, Schnorr von Carolsfeld u. a.) um eine Erneuerung der christlichen, altdeutschen und präraffaelitischen Kunst bemühte und sie zum Vorbild neueren Kunststrebens erhob, so erkannte Goethe darin einen gefährlichen Irrweg und Rückschritt und verfolgte den «wahnsinnigen Sektengeist» (*Tag- und Jahreshefte* 1820) mit starrsinniger Ablehnung und bitterem Hohn, so in dem von ihm inspirierten Aufsatz J. H. Meyers *Neudeutsche religios-patriotische Kunst* (1817).

Jenseits der verbalen Konflikte zeigte Goethe jedoch durchaus Chancen zur Einverleibung romantischer Bild- und Stilformen, etwa im Helena-Akt des *Faust* («klassisch-romantische Phantasmagorie»), im *West-östlichen Divan*, in Balladen und Märchendichtungen. Auch sein zeitweises Eintreten für Sulpiz Boisserées Sammlung und Erhaltung alter Kunst, für Byron und die französischen Romantiker zeigt ein im Grunde undogmatisches und eher elitäres Verhalten, «denn alles, was vortrefflich sei, sei eo ipso klassisch» (H. Voß an Abeken 26. 1. 1804) und «Es kommt darauf an, daß ein Werk durch und durch gut und tüchtig sei, und es wird auch wohl klassisch sein.» (zu Eckermann 17. 10. 1827) Also ist gut gleich klassisch und romantisch gleich – was?

60. Hatte Goethe viele Gegner? Die Literaturwissenschaft, vor allem die sogenannte fortschrittliche Literaturwissenschaft, hat sich mächtig bemüht, eine stattliche Phalanx von Goethe-Gegnern auszugraben und sie nach Möglichkeit mit nicht immer methodisch akzeptablen Mitteln zu vermehren, während aus derselben Quelle die Zahl der Goethe-Freunde eher zum Schrumpfen verurteilt wird. Gegen dieses Verfahren läßt sich objektiv manches einwenden. Zum einen werden Gegner, Kritiker und Literaturkritiker in einen Topf geworfen, und wer ein kritisches Wort über Goethe gesagt hat, wird sofort und zeitlebens zum Gegner Goethes erklärt. Kritik aber etabliert noch keine Gegnerschaft, auch negative Kritik kann oft sogar als literarische Förderung verstanden werden und ist von einer Rezension zur nächsten nicht unbedingt erblich. Zum zweiten geht es nicht an, die Liste der sogenannten Goethe-Gegner von Goethes Tod über Mathilde Ludendorff in die Gegenwart hin fortzusetzen, weil ein solches Verfahren einer Leichenfledderei nahekommt, da sich der Tote nicht wehren kann.

Eine auf objektiven Kriterien aufbauende Übersicht über Goethes Gegner muß also die bloß literarischen Gegensätze, soweit sie nicht zu persönlichen Attacken ausarten, außer Acht lassen und sollte sich nur mit persönlich ausgetragenen Gegnerschaften befassen. Auch ihrer gibt es zu Genüge, denn Goethe hat sie nicht selten durch scharf gezielte, öffentliche Satire oder Polemik ausgelöst. Obwohl er festhielt: «Im Grunde ist alles polemische Wirken gegen meine eigentliche Natur, und ich habe daran wenig Freude» (zu Eckermann 15. 5. 1831), scheute er nie ein scharfes Wort gegen literarische Erscheinungen, die seinen Vorstellungen zuwiderliefen, und übte erst im Alter Nachsicht gegenüber Mittelmäßigem.

In seiner Frankfurter Jugendzeit führte Goethe einige temperamentvolle Angriffe in eher gutmütigen Satiren gegen das ihm unwahr oder heuchlerisch Erscheinende in der zeitgenössischen Literatur und deren Vertreter wie Lavater, Wieland, Herder, J. G. Jacobi, Klopstock u. a., die von den Angegriffenen entweder durch Entschuldigung beigelegt, einfach ignoriert oder vergessen, jedenfalls ihm nicht nachgetragen wurden.

Johann Caspar Lavater, den Goethe noch 1779 den «besten, größten, weisesten und innigsten aller Menschen» nannte, verscherzte sich Goethes ursprüngliche Freundschaft durch seine christliche Schwärmerei und religiöse Intoleranz und wurde zur Zielscheibe seines Spotts in einigen *Venezianischen Epigrammen, Xenien* und Kurzgedichten. Man ging sich seither aus dem Wege.

Christoph Martin Wieland traf die dramatische Farce *Götter, Helden und Wieland*, doch er reagierte zu Goethes Beschämung versöhnlich und schrieb eine anerkennende Rezension, so daß sie seit Goethes Eintreffen in Weimar in wohlwollendem Einvernehmen lebten.

Friedrich Gottlieb Klopstock, der Goethe 1774/75 sehr nahe stand, schrieb auf Gerüchte vom ausschweifenden Genieleben in Weimar verstimmt pathetisch tadelnde Briefe, die Goethe 1776 zurückwies. Auf Klopstocks kränkende Antwort hin wurden die persönlichen Beziehungen abgebrochen, ohne daß Goethes Bewunderung von Klopstocks Werken nachließ.

Johann Gottfried Herder, Goethe in Straßburg noch eng verbunden, doch schon damals reizbar und übellaunig, brach infolge von Mißverständnissen und Zwischenträgereien 1773–75 den Briefwechsel ab, folgte jedoch 1776 der durch Goethe arrangierten Berufung nach Weimar. Seine Frau Caroline, von Goethe in Darmstadt besungen und in Dichtungen integriert, fühlte sich und ihren Gatten in Weimar schlecht finanziert und von Goethe beim Herzog in den Schatten gestellt und polemisierte aus echtem christlichen Neid gegen Goethe, zumal nachdem eine unangemessen hohe Geldforderung an den Herzog trotz Goethes Vermittlungsversuch 1794 abgelehnt wurde. Das besiegelte die lebenslängliche Feindschaft beider gegen Goethe.

Nichtliterarisch begründete Gegnerschaften der Weimarer Zeit waren oft kurzlebig und schnell beigelegt:

Jacob Friedrich Freiherr von Fritsch, der Weimarer Staatsminister, opponierte gegen Carl Augusts Plan, Goethe ins Geheime Consilium aufzunehmen; er empfand es als Affront und bat um seine Entlassung. Doch wurde seine Empörung durch die Überredungskunst Anna Amalias beigelegt, und zwischen ihm und Goethe kam es rasch zu einer langen und fruchtbaren, wenn auch nicht ganz reibungslosen Zusammenarbeit bei gegenseitiger Anerkennung, die beiden Ehre brachte.

Charlotte von Stein, Goethes unerfüllte Liebe, war erst durch Goethes heimliche Abreise nach Italien und nach seiner Rückkehr durch seine Verbindung mit Christiane so desillusioniert und verletzt, daß sie nach dem Abbruch aller Beziehungen sich zu feindseligen Medisancen gegen Goethe hinreißen ließ und Kontakte erst nach Christianes Tod distanziert wieder aufnahm.

Caroline Jagemann, seit 1797 unangefochtene Primadonna des Weimarer Theaters, war in Weimar dank ihrer Schönheit und Kunst ebenso beliebt wie beim Herzog als dessen Mätresse. Diese Position nutzte sie, um vielfach gegen den Theaterdirektor Goethe und seine Bemühungen um Ensemblekunst zu opponieren und zu intrigieren und die Dürftigkeit des Theaters zu verspotten – nicht ohne gelegentlich unerwartetes Lob Goethes einzustreuen. Doch führten ihre Sticheleien und Verstöße gegen die Hausregeln 1808 zu Goethes Aufgabe der Oberleitung der Oper und schließlich 1817 der ganzen Theaterleitung.

Hinsichtlich der späteren literarischen Fehden und Gegnerschaften gibt Goethe zu Eckermann am 14. April 1824 einen verblüffend einsichtigen Überblick über die Motive seiner Gegner und Kritiker in fünf Kategorien (hier leicht erweitert):

1. Geistige Beschränktheit (Goethe sagt: Dummheit) bewegt Leute, die seine Werke weder lesen noch verstehen, doch ihn tadeln – was bei ihm nur Langeweile auslöst. – 2. Neider, die ihm sein Glück, seine Stellung und seinen Ruhm mißgönnen, sein Ansehen beschmutzen und ihn am liebsten vernichtet sähen wie Kotzebue. – 3. Eifersüchtige, die die eigenen Mißerfolge trotz einiger Begabung Goethes Erfolg zuschreiben, der die ihren verdunkle: einfacher Brotneid. – 4. Kritiker mit gutem Grund: Leute, die Goethes frühere menschliche Fehler und Schwächen, die er längst überwunden habe, ihm immer wieder vorhalten: «Sie schossen nach mir, wenn ich schon meilenweit von ihnen entfernt war.» (ebda.) – 5. Weltanschaulich-religiöse und politische Differenzen «aus abweichender Denkungsweise und verschiedenen Ansichten» (ebda.). Hierher gehören die orthodoxen und intoleranten Kritiker von Goethes Freigeisterei, seiner Angriffe gegen religiöse Intoleranz und seiner Darstellung von Werthers Selbstmord, der spätere Lavater, die katholischen Romantiker und Konvertiten wie Friedrich Schlegel und Friedrich Leopold Graf zu Stolberg-Stolberg. Politische Gegner entstanden ihm aus seiner Bewunderung für Napoleon, seiner unpatriotischen Distanz zu den Befreiungskriegen, seiner Opposition gegen die Jungdeutschen wie Ludwig Börne und andererseits Wolfgang Menzel sowie die Revolutionsfreunde wie F. J. Reichardt. – 6. Ästhetisch-poetologische Kritik traf Goethe aus dem Lager der Jungdeutschen wie Menzel, Börne und Heine. Ähnlich schallte es auch aus dem Lager der Spätaufklärer: Garlieb Helwig Merkel, Kotzebue, Christoph Friedrich Nicolai (*Die Freuden des jungen Werthers*) und Christian Heinrich Gottlieb Köchy (Friedrich Glover). Goethe erwiderte mit den *Xenien*. Karl August Böttiger machte sich durch unseriöse Klatschgeschichten unbeliebt statt durch seriö-

se Klatschgeschichten beliebt. – 7. Damit auch die Moral nicht zu kurz kam, veröffentlichte der Pfarrer Johann Friedrich Wilhelm Pustkuchen 1821–28 eine fünfbändige anonyme Schmähschrift *Wilhelm Meisters Wanderjahre*, die, viel gelesen und häufig mit Goethes gleichnamigem Roman verwechselt, zu einem Kultbuch der Goethe-Gegner wurde, aber nicht gerade von deren hohen literarischen Ansprüchen zeugt.

Das leidige Geld

61. Konnte Goethe von seinem schriftstellerischen Einkommen leben? Die Beantwortung dieser Frage ist entschieden noch komplizierter als eine ganze Steuererklärung. Denn was heißt schon: leben. Und was heißt schriftstellerisches Einkommen, wenn man keines hat? In den ersten 20 Jahren seiner Schriftstellerlaufbahn hätte er es nicht gekonnt, und auch später nur mit großen Einschränkungen seines großzügigen Lebensstils. Der junge Goethe hielt es noch mit seinem *Sänger*: «Ich singe, wie der Vogel singt, / Der in den Zweigen wohnet; / Das Lied, das aus der Kehle dringt, / Ist Lohn, der reichlich lohnet.» In *Dichtung und Wahrheit* (IV, 16) bekennt er, seine Gedichte «gegen Geld umzutauschen, erschien mir abscheulich», und sein Honorar für der *Werther* habe ihm «die Suppen noch nicht fett gemacht, und wirds und solls auch nicht tun» (an Sophie von Laroche 23. 12. 1774). Erst allmählich gewinnt die Idee des schriftstellerischen Wertes und des geistigen Eigentums angesichts der rentablen Nachdrucke wie im 18. Jahrhundert allgemein so auch bei Goethe Gestalt, und er besteht seither auf angemessenen Honoraren. «Liberalität gegen seine Verleger ist seine Sache nicht», warnt Schiller Cotta (18. 5. 1802). Oft setzt Goethe seither die Honorare für seine Werke selbst fest. So erhält er für die Werke (VIII, 1787 ff.) 2000 Taler, für *Hermann und Dorothea* 1797 1000, für *Dichtung und Wahrheit* 6000, für die *Werke* (XIII, 1805 ff.) 10 700, die *Werke* (XX, 1815 ff.) 16 000, für die *Ausgabe letzter Hand* (LX) 72 500 Taler. Als Einzelausgaben brachten u. a. die *Wahlverwandtschaften* 2500, die *Farbenlehre* 1200, *Italienische Reise* 4000, der *Westöstliche Divan*, *Wanderjahre* und *Campagne in Frankreich* je 2000 Taler. Sein gesamtes literarisches Einkommen hat man auf 140 000 Taler geschätzt, überschlagsweise also um 5 Millionen Euro.

Neben den Honoraren bezog Goethe in seiner Jugend und der frühen Weimarer Zeit aus dem Familienvermögen einen Zuschuß von insgesamt rd. 6000 Talern und nach dem Tod der Mutter eine Erbschaft von 22 000 Gulden. Über die Schenkungen Herzog Carl Augusts (Gartenhaus, Haus am Frauenplan) hinaus bezog er für seine amtliche Tätigkeit ein jährliches Gehalt von 1776: 1200 Talern, 1781: 1400, 1785: 1600, 1788: 1800, 1798: 1900, 1810: 2000 und ab 1816 als Minister 3100 Taler. Umrechnungen auf so lange Zeiträume ergeben kein klares Bild, da sie Abgaben, Kursschwankungen und Lebenshaltungskosten nicht einkalkulieren. Glücklicherweise hatte Goethe dafür seine Buchhalter und Sekretäre. Gewiß aber gehörte er neben dem Unternehmer F. J. Bertuch zu den Weimarer Spitzenverdienern, und seine Haushaltskosten stiegen von 1817: 4000 Taler auf 1830: 12 000 Taler. Als Vermögen hinterließ er bei seinem Tode rd. 30 000 Taler zuzüglich der Immobilien, des Inventars, der Sammlungen und zukünftigen Honorare. Alles in allem machten die literarischen Einkünfte jedoch auch in den späteren Lebensjahren nur wenig mehr als etwa ein Drittel von Goethes Jahreseinkommen aus.

62. Zahlte Goethe eigentlich Steuern?   Nach zweieinhalb Jahrhunderten scheinen Goethes Steuerangelegenheiten nicht ganz so durchsichtig, wie das Finanzamt es gern hätte, aber Steuernachzahlung oder Rückzahlung hat Goethe nicht zu erwarten. Das Beruhigende an der Frage ist, daß auch Genies – oder gerade nur Genies – nicht umhin konnten, Steuern zu zahlen. Da Goethes Häuser in Weimar Geschenke Carl Augusts waren, war mit einer Art Erwerbssteuer nicht zu rechnen. Als Mitglied mehrerer Steuer- und Finanzreform-Kommissionen konnte von Goethe wohl die Erfüllung seiner Steuerpflichten erwartet werden. Die Hauptsteuerquelle in Weimar war jahrhundertelang die Grundsteuer je nach Größe und Ertragsfähigkeit des Bodens, in Notzeiten ergänzt durch eine Personensteuer. Der Adel war als Lehnsträger bis 1821 von der Grundsteuer befreit und zahlte dann einen reduzierten Satz. Erst mit der Aufhebung des Lehnswesens und der Umwandlung der adligen Landgüter in freien Besitz wurden auch diese steuerpflichtig.

Goethe entrichtete eine Grundsteuer für Haus und Garten, eine Personensteuer, eine «Tranksteuer» für Importweine, Erbzins, Brandsteuer und eine Einkommensteuer von (1830, selige Zeiten) etwa 5,5 Prozent. In *Wilhelm Meisters Lehrjahren* (VIII, 2) ist Lothario der Verfechter einer hohen Steuerethik; seine Ideen zielen auf eine «Gleichheit mit allen übrigen Besitzungen»: «Mir kommt kein Besitz ganz rechtmäßig, ganz rein vor, als der dem Staat seinen schuldigen Teil abträgt», und «So ist nur der ein guter Bürger, der vor allen andern Ausgaben das, was er dem Staate zu entrichten hat, zurücklegt.»

Stadt und Land

63. Wie kam Goethe nach Weimar? Es war nicht einmal ein Betriebsausflug, auch keine Erholungsreise, sondern eher eine Besuchstour, und auch diese wäre beinahe nicht zustande gekommen. Goethe war um diese Zeit im Oktober 1775 gerade frisch von Lili Schönemann entlobt und dazu praktisch arbeitslos. Die Frankfurter Anwaltskanzlei wollte ohne größere Anstrengungen seinerseits nicht so richtig florieren. Da lud ihn der Herzog Carl August von Sachsen-Weimar-Eisenach zu einem Besuch nach Weimar ein. Carl August hatte Goethe bei seiner Durchreise nach Paris im Dezember 1774 in Frankfurt kennengelernt. Man war einander sympathisch. Goethe besuchte ihn Tage später in Mainz und traf ihn und seine Braut Louise von Hessen-Darmstadt im Mai 1775 wieder in Karlsruhe. Bei seinem nächsten Aufenthalt in Frankfurt im September 1775 lud Carl August Goethe aus spontaner Laune zu einem Besuch in Weimar ein und wiederholte diese Einladung am 12. Oktober. Goethe sollte zu einem bestimmten Termin im Oktober in Frankfurt von dem Kammerjunker J. A. A. von Kalb abgeholt werden, der einen neuen Landauer von Straßburg nach Weimar führen sollte. Doch weder von Kalb noch der Landauer erschienen.

Ohnehin zum Aufbruch entschlossen und bereit, verlegte Goethe auf Zureden des Vaters trotz der ungewöhnlichen Jahreszeit sein Reiseziel nach Italien und war schon bis Heidelberg gekommen, als ihn eine Stafette des verspäteten von Kalb einholte und dieser ihn trotz Abraten des bürgerlich und antimonarchisch gesinnten Vaters am 30. 10. nach Weimar mitnahm. Dort traf Goethe als Gast für ein paar Wochen am 7. November 1775 ein, gewann in Carl August einen Freund, eine neue Heimat und eine Lebensaufgabe, die aus dem Stürmer und Dränger einen weltweisen Staatsmann machte. Goethe war in freier Wahl nach Weimar gekommen und hatte sich die Freiheit gesichert, bei Nichtgefallen Weimar wieder verlassen zu dürfen. Herzog Carl August jedoch tat alles Mögliche, den bürgerlichen Emporkömmling Goethe trotz Widerstands der Hofkreise an Weimar zu binden. Er gab ihm Ämter, Besitz, Häuser, Titel und vor allem Aufgaben, die ihm zusagten.

Weimar, die Haupt- und Residenzstadt des Herzogtums Sachsen-Weimar-Eisenach, war damals ein fast noch von Mauern umgebener Ort von etwa 6000 Einwohnern mit zwei Kirchen, ein abseits der Verkehrsadern gelegenes, «unseliges Mittelding zwischen Hofstadt und Dorf» (Herder an Knebel 28.8.1785), das überdies gerade durch den Schloßbrand von 1774 sein gesellschaftliches Zentrum verloren hatte und in der täglich das Vieh der Ackerbürger durch die ungepflasterten Gassen getrieben wurde, die gleichzeitig die Aufgaben einer Kloake erfüllten, da man ab elf Uhr abends (noch bis 1793) Nachtgeschirre aus dem Fenster entleeren durfte. Doch um die kunstinteressierte Herzogin Anna Amalia, die schon J. K. A. Musäus und Ch. M. Wieland nach Weimar gezogen hatte, bildete sich mit dem Zuzug von Herder (1776), Goethe und Schiller (1799) ein kleiner literarischer «Musenhof».

Nach Überwindung der durch die Gerüchteküche der klatschsüchtigen Kleinstadt aufgebauschten jugendlichen Eskapaden Goethes und Carl Augusts fand Goethe in der Hofgesellschaft einen künstlerisch und literarisch interessierten Kreis von Akademikern und im Liebhaber- und Hoftheater praktische Anregungen und Aufgaben, die ihn über den amtlichen Pflichten sein Künstlertum nicht vernachlässigen ließen. Sein ethischer Gewinn wurden Selbständigkeit, Verantwortlichkeit und Geselligkeit im Kreis der Familie, der Freunde und seiner Sammlungen, wie sie ihm ein anderer Ort kaum geboten hätte. Sein steigender Ruhm machte die Provinzstadt Weimar auch zu einem Treffpunkt von Künstlern und Intellektuellen und zur «geistigen Hauptstadt Deutschlands» (Mme de Staël). Durch Erhaltung, Pflege und Öffnung der Gedenkstätten haben Fürsten, Stadt und Staat diese Rolle Weimars noch verstärkt. Denn was wäre Weimar heute ohne Goethe?

64. Worüber klatschte man in Weimar? Zu einer Zeit, da selbst bei Gebildeten das Lesen noch nicht außer und das Fernsehen noch nicht in Mode gekommen war, als es über Pferde und Rinder, Schweine und Hühner in der Residenz wenig zu erzählen und noch weniger zu klatschen gab, blieb den Menschen in ihrer Verzweiflung nichts anderes übrig, als über sich selbst, oder noch besser über einander, zu klatschen, und zwar schön in hierarchischer Ordnung stets nur über die Angehörigen der eigenen oder einer höheren Schicht, so daß die Ehrfurcht vor dem Höheren und das Interesse am Niederen ins Gleichgewicht kamen. Daß ferner die Moral immer über die Unmoral klatscht, nie umgekehrt, ist ein Hoffnung heischendes Zeichen dafür, daß die Moral eben doch ein Übergewicht über die Unmoral hat, weil sie anscheinend keinen Grund zum Klatschen gibt, und das zeigt wohl ihre relative Gefühlsarmut. In Weimar wenigstens wurde jeder Klatsch selbstverständlich nur von tiefem menschlichem Mitgefühl getragen.

Hier nur ein paar Beispiele, worüber man sich, und nicht nur in der Kirche, wenn die Predigt nicht genug Interesse absorbierte, das Neueste vom Tage zuflüsterte. Man klatschte natürlich und ganz natürlich über wilde Ehen und wilde Nebenehen, welches Mäntelchen sie auch tragen, also über Goethe und seinen «Bettschatz» Christiane oder über Carl August und seine Nebenfrau Caroline Jagemann, über die jugendlichen Anfälle von sexueller Unmoral bei Carl August, über Goethes schöne Besucherin Branconi oder über jenen verwundeten Lützower Jäger und «Helden» Ferdinand Heinke, den Ottilie von Pogwisch auffand und mit ihren Freundinnen bis zur Genesung pflegte, worauf der Held aus Angst vor allzu intimer Pflege rasch wieder zu seiner Braut nach Breslau zurückkehrte.

Hinter vorgehaltener Hand murmelte man vielleicht auch über die erotische Einübung Carl Augusts, zu der seine Mutter ihn mitsamt seinem Erzieher Graf Görtz auf eine Kavalierstour nach Paris beorderte, wo eine kleine Französin ihm die notwendigen Vorübungen abnahm und dafür eine Lebensrente auf Kosten Sachsen-Weimar-Eisenachs erhielt. Oder über jenen Prinzen Constantin, der sein Liebesverhältnis zu Caroline von Ilten aufgeben mußte – wobei es Goethe oblag, dem Fräulein den Prinzen auszureden – und der von einer ähnlichen Kavalierstour mit gleich zwei und dazu noch schwangeren Damen nach Weimar heimkehrte, bis wiederum Goethe im Auftrag des Herzogs die Damen von der Unangemessenheit ihres Verhaltens überzeugte und sie mit entsprechender Entschädigung expedieren ließ.

Doch es gab auch schwerere Fälle. Der Weimarer Offizier Carl von Imhoff hatte spontan die bildhübsche Französin Marianne Chapusset geheiratet und war in den Dienst der East Indian Company getreten. Bei der Überfahrt nach Indien lernte der spätere Gouverneur von Indien Warren Hastings die schöne Frau von Imhoff kennen und lieben, und es kam zu einem gütlichen Einvernehmen: Marianne heiratete 1772 Hastings, nachdem sich ihr Mann gegen eine der Schönheit seiner Frau angemessene Entschädigung hatte scheiden lassen und den hohen Gewinn aus der ersten Ehe in seiner zweiten Ehe mit Luise von Schardt, der Schwester der Charlotte von Stein, im Luxusleben fast verbrauchte. Aber die zweite Frau war nicht so leicht zu verkaufen, obwohl Goethe an Frau von Stein schrieb, Luise von Imhoff sei «ein liebes Geschöpf, wie ich eines für mich haben möchte, und dann nichts weiter geliebt.» (an Ch. von Stein 17.7.1776)

Ähnlich ging es mit der koketten Sophie Friederike von Kalb, die 1779 den ältlichen Weimarer Kammerherrn C.F.S. von Seckendorff geheiratet hatte, der bei seinem Tod 1785 die lebensfrohe Witwe ihren Vergnügungen überließ. Als der Trierer Domherr J.F.H. von Dalberg Herder bewegte, ihm 1788 auf einer Italienreise als Cicerone zu dienen, war Herder sehr mißmutig, als unerwartet die Witwe von Seckendorff sich der Reisegruppe als Geliebte Dalbergs anschloß. Die Weimarer Sittenwächter erfuhren dank Herders Berichten sofort davon.

Ein etwas ungewöhnlicher Fall war der Roman der Gräfin Emilie von Werthern-Beichlingen (1757–1844), einer zu Recht geborenen von Münchhausen, der Gattin von Carl Augusts ältlichem Kammerherrn und Stallmeister C.F.G. von Werthern-Beichlingen. Diese kokette, mit Kunstsinn, Phantasie und genügend Leichtfertigkeit begabte Schönheit machte sich nichts daraus, über die Langeweile ihrer Ehe hinweg mit den Männern des Hofes zu flirten, ihnen die Köpfe zu verdrehen und auch mit Goethe in ihrer Art zu korrespondieren. Als einer ihrer Flirts, August von Einsiedel, 1785 zu einer Afrika-Expedition aufbrach, eilte sie auf das Gut ihres Bruders, ließ in Weimar die Nachricht von ihrem Tod verbreiten, feierlich eine Strohpuppe statt ihrer selbst begraben und eilte dem Geliebten nach. Weimar und auch Goethe trauerten um die Tote, die ihr Liebhaber aus dem Grab entführte, und Goethe meinte: «Der kleinen Werthern wollt ich auch lieber eine Wohnung bei ihrem Gebliebten in Afrika als im Grabe gönnen.» (an Frau von Stein 7.7.1785) Die geplante Expedition jedoch geriet durch die Pest ins Stocken, man sah das Paar in Straßburg, und mit der Strohpuppe kam die Wahrheit an den Tag. Weimar war so empört, daß sie sich erst zehn Jahre später, 1795, nunmehr geschieden und Gattin Einsiedels, wieder dort zu zeigen wagte, aber gemieden wurde. Goethe, selbst weder betroffen noch interessiert, meinte schon 1782 «Sie will mir gar nicht gefallen» (an Knebel 3.2.1792) und kommentierte nach der Aufdeckung: «Wie abscheulich! – Zu sterben! nach Afrika zu gehen, den sonderbarsten Roman zu beginnen, um sich am Ende auf die gemeinste Weise scheiden und kopulieren zu lassen. Ich habe es höchst lustig gefunden.» (an Frau von Stein 9.7.1786)

Man sage nicht, das Leben in Weimar sei langweilig und ohne Tiefpunkte gewesen. Für die durch die Regenbogenpresse abgehärteten heutigen Zeitgenossen mag das alles längst überholter und belangloser Klatsch gewesen sein, aber das ist der heutige Klatsch in ein paar Tagen auch.

65. Wo wohnte Goethe in Weimar? Goethe hatte es mit dem Seßhaftwerden in Weimar keineswegs eilig. Durch seine Studienjahre, das umgetriebene Leben des Stürmers und Drängers und mit dem festen Hort im Frankfurter Elternhaus im Hintergrund, war er beständige und feste eigene Wohnsitze kaum gewohnt und konnte sich als Junggeselle mit nach heutigen Maßstäben sehr geringem Wohnkomfort begnügen.

Bei seiner Ankunft in Weimar am 7. November 1775 nahm er gern das gastliche Angebot des Kammerpräsidenten Carl Alexander von Kalb an, dessen Sohn ihn und seinen Diener Seidel nach Weimar geführt hatte, und wohnte zunächst in dessen Haus, dem Schwarzburger Hof, später Sächsischen Hof am Töpfenmarkt (jetzt Eisfeld 12 am Herderplatz), bis er sich zu längerem Bleiben entschied.

Den ersten Schritt dazu tat er, als er am 18. März 1776 eine Wohnung im 2. Stock des Hauses von Hofkassier König hinter der Wache (Am Burgplatz 2) bezog, die einen Blick auf die Schloßruine bot und vielleicht spätere Baupläne inspirierte. Diese Wohnung behielt Goethe als städtisches Absteigequartier bis Ostern 1777 bei.

Im April 1776 schenkte Carl August ihm, um ihn fester an Weimar zu binden, das Gartenhaus am Stern im Ilmpark, ein ehemaliges, leicht verfallenes zweistöckiges Weinberghaus in einem verwahrlosten Garten. Goethe ließ das Haus instandsetzen, den Garten anlegen und schlichte Möbel anfertigen und bezog es am 17. Mai 1776 als Hauptwohnsitz und auch später als Ort zurückgezogener, ungestörter Arbeit neben seinen kleinen städtischen Unterkünften.

Als solche bezog er Ostern 1777 einige Zimmer im Erdgeschoß des

Warum stehen sie davor?
Ist nicht Thüre da und Thor?

Kämen sie getrost herein
Würden wohl empfangen seyn.
Goethe 1828

Abb. 8 Goethehaus am Frauenplan. Stich von L. Schütze. 1827.

Fürstenhauses, in dessen oberen Geschossen das Herzogspaar wohnte, so daß er in ständigem Kontakt mit ihnen war.

Am 2. August 1779 mietete Goethe das Vogelstädtische Haus in der Seifengasse 16 gleich neben dem Haus der Charlotte von Stein, doch war der Raum für seine Sammlungen und Bücher wie für die seiner Position entsprechende Geselligkeit bald zu gedrängt.

So bezog er am 2. Juni 1782 zur Miete die westliche Hälfte des Helmershausenschen Hauses am Frauenplan, eines stattlichen Barockbaus von 1709. Er behielt diese Mietwohnung auch während der Italienreise bei und kehrte 1788 in sie zurück. Im Herbst 1789 jedoch wurde diese Wohnung wegen Christianes Schwangerschaft unhaltbar.

Im November 1789 stellte der Herzog Goethe daher die Beletage und Christiane mit ihrer Schwester und Tante das Obergeschoß des Jägerhauses, Marienstraße 3, zur Verfügung, so daß bei aller Familienwirtschaft das Decorum gewahrt blieb.

Inzwischen erwarb der Herzog im Mai 1792 das Helmershausensche Haus am Frauenplan und stellte es Goethe als steuer- und mietfreie Dienstwohnung zur Verfügung. Am 17. Juni 1794 schenkte er das Haus offiziell Goethe zusammen mit 1500 Talern für Umbau und Einrichtung dieser angemessenen und endgültigen Wirkungsstätte Goethes. Eine überdimensioniert breite Treppe führte an den Wirtschaftsräumen des Erdgeschosses vorbei in die Beletage, deren zum Frauenplan hin gelegene Räume die Repräsentationsräume (u. a. das Junozimmer) wurden, während Goethes Arbeitszimmer und Bibliothek rechts, Christianes Räume links in den zum Hof gelegenen Hinterzimmern Platz fanden. In zunehmendem Maße wurden Familienräume später für die Kunstsammlungen umgewidmet, und die Mineraliensammlung fand im Gartenpavillon Platz. Die Mansardenzimmer des Vorderhauses dienten Hausgästen und Besuchern, später der Familie von August von Goethe als Wohnung. Nach Goethes Tod wurden die privaten Räume verschlossen und unverändert erhalten. Nach dem Tod des letzten Enkels fiel das Haus an das Großherzogtum, wurde in den historischen Zustand zurückversetzt und 1886 als Goethe-Nationalmuseum der Öffentlichkeit zugänglich gemacht. Im Zweiten Weltkrieg wurde der Westflügel des Hauses 1945 durch Bomben schwer beschädigt, doch originalgetreu wiederhergestellt, so daß das Haus heute fast den Zustand zu Goethes Zeiten darstellt.

66. War Goethe ein Gartenfreund? Es wäre auch verwunderlich, wenn Goethe, der in so vielen Künsten dilettierte, nicht auch auf dem Gebiet der Gartenkunst Meriten gesammelt hätte. Allerdings muß man zur Bewertung den Zeitgeschmack in Betracht ziehen, der sich seit 1750 vom französischen Park mit abgezirkelten barocken Parterres und geraden Wegen dem sogenannten «natürlichen» englischen Landschaftsgarten zuwandte. Doch ohne den gehörigen Grundbesitz bleibt alle Gartenkunst bloße Gartentheorie, und ihre Visionen sind meist schöner als die praktischen Resultate.

Erst als Besitzer des Weimarer Gartenhauses am Stern seit 1776 hatte Goethe den nötigen Boden unter den Füßen, um daraus – das heißt: aus den rund 10 000 Quadratmetern – etwas Gartenähnliches zu machen. Klein genug war der verwahrloste Garten ja, ihm nicht alle Lust daran zu nehmen und ihn seinen höfischen Pflichten zu entziehen. Kaum daß Goethe selbst hart zugriff, er entwarf den Plan und

Abb. 9   Goethes Gartenhaus am Stern. Zeichnung von O. Wagner. 1827.

ließ das Gelände zu Lasten der herzoglichen Schatulle terrassieren, planieren, auffüllen, Treppen und Wege anlegen, Rasen säen, Bäume, Sträucher, Blumen und Gemüse pflanzen, so daß die Renovierung von Haus und Garten mehr Geld verschlang als der Kauf. Ein Kieselmosaik vor dem Hauseingang und eine Gartenskulptur (eine Kugel auf einem Kubus, vielerlei Spekulationen offen) stellten die «2 Prozent für die Kunst» dar. Der 1817 erweiterte Hausgarten des Hauses am Frauenplan wurde anfangs zu botanischen Zwecken, später von Christiane als wirtschaftlicher Hausgarten genutzt und blieb von der Gartenkunst verschont.

Größere Arbeitsfelder boten die Garten- und Parkanlagen in Weimar, insbesondere die 1778 begonnene Neuanlage des Parks an der Ilm, die mit schmalen Mitteln aus dem Ilmtal in geschickter Ausnutzung der Bodenverhältnisse einen englischen Landschaftsgarten mit zusätzlichen Bauten (Felsentreppe, Grotten, Borkenhäuschen, Burgruine, Römisches Haus) und, dem Zeitgeschmack folgend, mehreren Denksteinen mit Inschriften machte, wie sie in der Natur nicht leicht zu finden sind. Dem Abzug der Gartenzwerge weinte Goethe im Gegensatz zu dem Apotheker in *Hermann und Dorothea* (III, v. 87 f.) keine Träne nach.

Später boten Belvedere, Tiefurt, Ettersburg, Dornburg und Jena neue Planungsaufgaben. Damals hatte Goethe sich auf seinen Reisen mit den Gartenanlagen in Wörlitz, Sanssouci, Hohenheim, Florenz (Boboli-Gärten) und anderen Gärten Italiens vertraut gemacht, bevorzugte jedoch weiterhin den englischen Landschaftsgarten. Diese Haltung bestärkt auch Charlotte in den *Wahlverwandtschaften* (II, 8): «Niemand glaubt sich in einem Garten behaglich, der nicht einem freien Lande ähnlich sieht; an Kunst, an Zwang soll nichts erinnern; wir wollen völlig frei und unbedingt Atem schöpfen.» Rousseau hätte sich verstanden gefühlt und ihr freudig zugestimmt.

67. Wie reiste Goethe?

Bequem war es nicht, schnell war es auch nicht, dafür aber riskant und teuer. Nicht weil Pferde teurer sind als Eisenbahnen oder Flugzeuge, sondern weil sie für eine Strecke von 1000 km, die man heute mit der Bahn in wenigen, mit dem Flugzeug vielleicht in zwei Stunden zurücklegt, mindestens zehn Tage zuzüglich der Kosten für Übernachtungen und Mahlzeiten brauchte, weil man zu Fuß nur etwa sieben, mit Pferd oder Kutsche maximal zwölf (und mit Kutsche ohne Pferd noch viel weniger) Kilometer pro Stunde schaffte, und dies ohne Besichtigungen. Wer nicht genügend Fernweh, Unternehmungsgeist (damals Abenteuerlust genannt) und Geld besaß, blieb besser zu Haus und machte Spaziergänge.

Wer es dennoch tat und nicht gut zu Fuß oder zu Roß war und auch keine eigene Kutsche besaß, nahm die «Thurn und Taxissche Post», die nach festen Tarifen und Routen fahrplanmäßig verkehrte und keine Streiks kannte, aber durch lange Aufenthalte bei Pferdewechsel und Mahlzeiten nur recht langsam vorankam und bei dem mittelalterlichen Straßenzustand (meist Kieswege ohne Pflaster) eine Höchstgeschwindigkeit von rund 50 km pro Tag erreichte. Schneller ging es nur mit Eilposten ohne Aufenthalte (100 km am Tag), Extrapost oder Mietkutsche. Wenn Goethe privat reiste, kam es ihm im Gegensatz zur heutigen Welt nicht auf Geschwindigkeit an. Das Unterwegssein allein war bildend und belehrend genug, er genoß es als Abwechslung und Horizonterweiterung: «Man reist ja nicht, um anzukommen, sondern um zu reisen» (zu Caroline Herder 4./8.9.1788) oder «Für Naturen wie die meine, die sich gerne festsetzen und die Dinge festhalten, ist eine Reise unschätzbar, sie belebt, berichtigt, belehrt und bildet» (an Schiller 14.10.1797). Goethe war, man hört es, ein geübter und passionierter Reisender, der alle möglichen Entschuldigungen und noch mehr für seine Reiselust aufbrachte: Erlebnis- und Wissenstrieb, Suche nach Bereicherung und Welterfahrung.

Dem Wunsch nach Ortsveränderung folgte Goethe in seiner Jugend mit Fußwanderungen (Hessen, Lothringen, Schweiz), bei größeren Strecken zu Pferde (Harz, Schweiz) oder als Mitfahrer (1765 Leipzig), ab 1782 mit seiner eigenen zweispännigen Reisekutsche, einem Zweisitzer mit offenem oder geschlossenen Verdeck, zu der der herzogliche Marstall Pferde und Geschirr stellte, ab 1799 in einem eigenen viersitzigen Landauer mit eigenen Pferden und wohl auch einer Droschke für Stadtfahrten. Von den jährlichen Kosten dafür von rund 300 Talern trug der Herzog für Dienstreisen und Besichtigungen 175 Taler.

Die Summe der von Goethe in 43 größeren und über 140 kleineren Reisen zurückgelegten Strecken entspricht mit ca. 40 000 km einer Äquatorumrundung, der Zeitaufwand für die Reisen insgesamt fast 14 Jahre. Die wichtigsten Reisen gingen nach: Lahn und Rhein 1772 und 1774, Schweiz 1775, 1779 und 1797, Harz 1777, 1783 und 1784, Berlin 1778, Italien 1786–88 und 1790, Schlesien 1790, Frankreich 1792, Rhein/Main/Neckar 1814 und 1815, dazu 16 Badereisen in die böhmischen Bäder Karlsbad, Marienbad, Teplitz u. a. Auffallenderweise hat Goethe auf seinen Reisen europäische Hauptstädte wie Paris, London und Wien gemieden; er kannte nur Berlin und Neapel (Rom wurde erst 1871 Hauptstadt). Schiffsreisen machte Goethe auf dem Rhein 1772, 1774,1792 und 1815, auf dem Gardasee 1786 (Torbole – Bardolino), auf der Brenta 1786 (Padua – Venedig) und nach und von Sizilien 1787. In späteren Jahren verminderte sich Goethes Reiselust; die letzte Reise war ein Ausflug nach Bad Berka 1831.

Fast alle größeren Reisen Goethes fanden literarischen Niederschlag in Tagebüchern, Reisetagebüchern, Reisebüchern und anderen Aufzeichnungen, in denen Goethe das Reiseerlebnis im Beschreiben von Natur, Landschaft, Menschen, Volksleben, Gesellschaft, Architektur und Kunst festhält, anfangs stark subjektiv gefärbt, seit Italien als objektiver Beobachter und seit 1797 systematisch als unbeteiligter Registrator. Über die eigenen Arbeiten hinaus war er ein begeisterter Leser fremder Reiseberichte.

68. Warum reiste Goethe unter falschem Namen? Manchen Künstlern, besonders Sängern und Schauspielern, gefällt ihr biederer bürgerlicher Name nicht, und sie legen sich für die Öffentlichkeit einen rauschhaft schönen und wohlklingenden Künstlernamen zu.

Bei Goethe war genau das Gegenteil der Fall. Er benutzte schon in der Jugend Pseudonyme als Rollenspiel oder erschien inkognito ohne Namensnennung oder in Verkleidung (*Dichtung und Wahrheit* 10). Bei den Brions in Sesenheim wollte er sich 1770 als Theologiestudent ausgeben und tauschte später die Kleidung mit einem Gastwirtssohn, um Friederike nahe zu sein (ebda.). Bei Professor Höpfner in Gießen führte er sich 1772 als armer Student der Rechte ein (ebda. 12), in Kochberg näherte er sich seinem Herzog als bittstellender Bauer Sebastian Simpel, und im Lauchstädter Theater saß er mitunter inkognito unter dem Publikum, um dessen Kommentare zu hören.

Aus dem übermütigen Rollenspiel wurde halber Ernst, als Goethe auf der ersten Harzreise 1777 sich bei F. V. L. Plessing in Wernigerode als Johann Wilhelm Weber, Maler aus Darmstadt, einführte, ihm von diesem Goethe in Weimar berichtete und sich pseudonym auch in ein Gästebuch eintrug.

Und wie ein gelungener Coup zum nächsten ermutigt, so folgt hier der Generalprobe die große Premiere: Als Goethe 1786 heimlich nach Italien aufbrach, blieben nicht nur Aufbruch und Reiseziel, sondern auch der Täter geheim. Er reiste als Johann Philipp Moeller, Maler aus Leipzig (Signore Jean Filippo Miller, pittore tedesco) ab, trug sich so auch in ein Regensburger Fremdenbuch und ein römisches Einwohnerregister ein und hielt zwei Jahre in der Öffentlichkeit trotz gelegentlicher Gerüchte an diesem «grillenhaften Incognito» (*Italienische Reise* 8. 11. 1786) fest, das eigentlich ein Pseudonym war. Ob er es in Malcesine lüften mußte, als er als vermeintlicher österreichischer Spion verhört wurde und ein Italiener, der in Frankfurt gewesen war, ihn identifizierte, bleibt unklar. Bei der Familie Balsamo, der Familie Cagliostros in Palermo, führte er sich als Engländer Mr. Wilton ein.

Natürlich war seine tatsächliche Identität den nächsten Freunden im deutschen Künstlerkreis Roms (A. Kauffmann, K. P. Moritz, J. H. W. Tischbein u. a.) bekannt, wurde aber auf seine Bitte verschwiegen. Erst beim 2. römischen Aufenthalt 1787/88 sickerte seine wahre Identität teilweise durch, doch ließ man Goethe weiterhin die Freiheit seiner Pseudonymität genießen.

Wozu also das Theater? Goethe wollte den ungeliebten gesellschaftlichen Verpflichtungen eines Weimarer Ministers und dem Ruhm des *Werther*-Autors und seiner Anziehungskraft für zudringliche Fremde entkommen. Er benutzte den falschen Namen also als Selbstschutz und als Mittel, viel Zeit zu sparen und seine Studien ungestört verfolgen zu können. (an Herder 2.12.1786) Er entkleidete sich gewissermaßen seiner eigenen Persönlichkeit, schlüpfte wie schon im Harz in die Rolle eines Künstlers und verwirklichte so wenigstens zeitweise und in seiner Phantasie seinen Lebenstraum einer Künstlerexistenz – nicht aus Großmannssucht, sondern um in der kleinsten Größe nicht aufzufallen, und dazu waren die gewählten Allerweltsnamen Weber und Möller als Pseudonyme gerade gut genug.

Daß er trotzdem seine Verkleidung zu rechtfertigen suchte, beweisen mehrere Stellen in *Dichtung und Wahrheit* (II, 10) und in seinen Briefen:

«Ich war von jeher überzeugt, daß man entweder unbekannt oder unerkannt durch die Welt gehe, so daß ich auf kleinen oder größeren Reisen, insofern es nur möglich war, meinen Namen verbarg.» (an J. H. Meyer 30.12.1795)

«Der Fehler … kommt aus meiner innersten Natur, aus einem gewissen realistischen Tic, durch den ich meine Existenz, meine Handlungen, meine Schriften den Menschen aus den Augen zu rücken behaglich finde. So werde ich immer gerne inkognito reisen, das geringste Kleid vor dem besseren wählen, … den weniger bedeutenden Ausdruck vorziehen, mich leichtsinniger betragen als ich bin und mich so, ich möchte sagen, zwischen mich selber und meine eigne Erscheinung stellen.» (an Schiller 9.7.1796)

«Es ist eine verzeihliche Grille bedeutender Menschen, gelegentlich einmal äußere Vorzüge ins Verborgene zu stellen, um den eignen menschlichen Gehalt desto reiner wirken zu lassen; deswegen hat das Inkognito der Fürsten und die daraus entspringenden Abenteuer immer etwas höchst Angenehmes.» (*Dichtung und Wahrheit* II, 10)

Die große Welt: Staat und Politik

69. Was war Goethe von Amts wegen? «Dem Amte wohlbekannt» – das war Goethe bald nach seiner Ankunft in Weimar. Nicht, daß er sich für ein Amt erwärmte – die Ämter erwärmten sich bald für ihn. «Ich hab' hier bloß ein Amt und keine Meinung», sagt der schwedische Oberst Wrangel in Schillers *Wallensteins Tod*, aber das war kein Affront gegen den vielbeamteten Goethe. Bei ihm fielen Amt und Persönlichkeit nicht auseinander, war der Begriff «amtliche Tätigkeit» keine Contradictio in adjecto. Das Amt profitierte viel mehr von seinem Inhaber als der Inhaber vom Amt, denn Goethe nahm seine Aufgaben sehr ernst und rechtfertigte sich mit dem Hinweis auf das Symbolische alles seines Wirkens gegen den Vorwurf, er habe seine Zeit statt auf die Dichtung nun auf Politik und Verwaltung verschwendet. Im Rückblick sollte Goethe im Alter zusammenfassen: «Ich wirke nun 50 Jahre in meinen öffentlichen Geschäften nach meiner Weise, als Mensch, nicht kanzleimäßig, nicht so direkt und folglich etwas minder platt. Ich suche jeden Untergebenen frei im gemessnen Kreise sich bewegen zu lassen, damit er auch fühle, daß er ein Mensch sei. Es kommt alles auf den Geist an, den man einem öffentlichen Wesen einhaucht.» (zu F. von Müller 23.8.1827)

Er kam auch nicht von Amts wegen nach Weimar, vielmehr versuchte der Herzog, Goethe durch Ämter und Aufgaben an Weimar zu binden, selbst gegen den Widerstand seiner Berater und Minister. Als der sehr korrekte Minister J. F. Freiherr von Fritsch als Protest gegen die geplante Berufung des jungen Mannes Goethe ins Geheime Consilium um seine Entlassung bat, schrieb ihm Carl August am 10.5.1776: «Einen Mann von Genie nicht an dem Orte gebrauchen, wo er seine außerordentlichen Talente gebrauchen kann, heißt denselben mißbrauchen.» Damit legte er die Basis zu einer fruchtbaren Zusammenarbeit beider über Alters- und Temperamentsunterschiede hinweg.

Das absolute persönliche Vertrauen des Herzogs bürdete Goethe anfangs vielleicht mehr Ämter und Aufgaben auf, als ihm lieb war, doch wirkte es gleichzeitig auf seine Persönlichkeit in Richtung auf Selbstdisziplin und Verantwortlichkeit, es deckte ungeahnte Begabungen auf und wandelte den ehemaligen Stürmer und Dränger zum weltweisen, humanitären Staatsmann. Die belangloseren und kurzfristigen Amtstätigkeiten können der Vergessenheit anheimfallen; die wichtigen Ämter und Aufgaben waren zahlreich genug:

1776 Geheimer Legationsrat mit Sitz und Stimme im Geheimen Consilium, der obersten Landesbehörde zur Beratung des Herzogs, der die alleinige Entscheidung hatte

1777 Bergwerkskommission zum Wiederaufbau der Bergwerke in Ilmenau

1779 Leitung der Kriegs- und der Wege- und Wasserbaukommission. – Geheimer Rat im Ministerrang

1782 Präsidium der Kammer, d. h. der gesamten Finanzverwaltung. – Diplomatische Missionen an thüringischen Höfen

1784 Ilmenauer Steuerkommission zur Neuordnung der korrupten Grundbesteuerung

1788 Nach der Italienreise auf seinen Wunsch Entlassung von vielen früheren Ämtern. – Mit-Oberaufsicht des Freien Zeichen-Instituts

1789 Schloßbaukommission zum Wiederaufbau des 1774 abgebrannten Residenzschlosses

1791 Leitung des Weimarer Hoftheaters

1794 Mit-Verwaltung der Botanischen Anstalt in Jena

1797 Leitung der herzoglichen Bibliotheken und des Münzkabinetts

1803 Oberaufsicht über die Museen in Jena

1804 Wirklicher Geheimer Rat mit dem Titel Exzellenz

1809 Zentrale Verwaltung der künstlerischen und wissenschaftlichen Institute des Landes, d. h. Oberaufsicht über die unmittelbaren Anstalten für Wissenschaft und Kunst in Weimar und Jena (Zeichenschule, Bibliotheken, Botanischer Garten, Naturwissenschaftliche Sammlungen, Sternwarte u. a.)

1815 Staatsminister

1817 Oberleitung beim Umbau der Universitätsbibliothek Jena

Wie Goethe sich neben diesen natürlich nicht immer ganztägigen Pflichten und den gesellschaftlichen Ansprüchen noch Zeit zur literarischen Arbeit nehmen konnte, bleibt der Einbildungskraft jedes einzelnen überlassen.

70. War Goethe ein Fürstendiener? Unter den endlosen Möglichkeiten, jemandem eine Schlechtigkeit nachzusagen, ist die Beschuldigung, ein Fürstendiener zu sein, keine der schlimmsten. Fürstendiener impliziert nicht, daß man, etwa um Profits oder anderer Vorteile willen, sein Mäntelchen wendehalsartig nach dem Wind hängt, also ein Opportunist sei. Fürstendiener setzt nur eine hierarchische Gesellschaftsordnung voraus, wie sie in Europa seit Urzeiten herrschte, er bedeutet nicht Gewissenlosigkeit, devoten Kadavergehorsam oder unbeschränkte Habsucht und Übervorteilung anderer, nicht einmal kriecherische Untertanengesinnung. In einer Monarchie war und ist jeder Steuerzahler nolens volens ein Diener des Fürsten, und in der Demokratie hat sich an der Steuer wenig geändert. Die Bezeichnungen Fürstendiener und Fürstenknecht stammen witzigerweise von Goethe selbst, als Metzler im *Götz* V,5 den Götz einen Fürstendiener oder Fürstenknecht nennt. Sie wurde 50 Jahre später von der radikalen Jugend als Diskreditierung Goethes wieder aufgegriffen. Aber sie ist ein Schimpfwort eigentlich erst, seit die Demokratie die meisten Fürsten abgeschafft hat und andere, manchmal sogar bessere Menschen an die Spitze der Staaten gestellt und die ehemaligen Fürstendiener zu systemkonformen Parteigenossen herabgesetzt hat.

Oder mit Goethes Worten: «Verstanden hat er vieles recht / Doch sollt er anders wollen; / Warum blieb er ein Fürstenknecht? / Hätt' unser Knecht sein sollen.» (*Zahme Xenien* IX) und «Und für den Edlen ist kein schöner Glück, / Als einem Fürsten, den er ehrt, zu dienen.» (*Tasso* 931 f.) Goethes Auffassung läuft darauf hinaus, daß ihm nicht der Fürstentitel als solcher, wohl aber ein tüchtiger Mensch Respekt abnötigt: «Ich hatte vor der bloßen Fürstlichkeit als solcher, wenn nicht zugleich ein tüchtiger Menschenwert dahinter steckte, nie viel Respekt.» (zu Eckermann 26. 9. 1827)

Im Hinblick auf sein Verhältnis zum Herzog Carl August führt Goethe weiter aus: «Nun heißt es wieder, ich sei ein Fürstendiener, ein Fürstenknecht ... Ich bin dem Großherzog seit einem halben Jahrhundert auf das innigste verbunden und habe ein halbes Jahrhundert mit ihm gestrebt und gearbeitet; aber lügen müßte ich, wenn ich sagen wollte, ich wüßte einen einzigen Tag, wo der Großherzog nicht daran gedacht hätte, etwas zu tun und auszuführen, das dem Lande zum Wohle gereichte ... Soll ich denn also mit Gewalt ein Fürstenknecht sein, so ist es wenigstens mein Trost, daß ich doch nur der Knecht eines solchen bin, der selber ein Knecht des allgemeinen Besten ist.» (zu Eckermann 27. 4. 1825)

Manche Verleumdungen ließen sich ersparen, wenn die Verleumder nicht nur ihre eigenen Vorurteile, sondern auch die Selbstzeugnisse des Verleumdeten in Betracht ziehen würden.

71. Welche Orden standen Goethe? Wie die meisten seiner Landsleute war Goethe sehr empfänglich für Titel und Orden und hatte eine Schwäche besonders für großformatige Auszeichnungen, die dem nichtsahnenden Publikum seine Verdienste und seine Bedeutung vor Augen führten: «Ein Titel und ein Orden hält im Gedränge manchen Puff ab.» (zu M. Oppenheim Mai 1827) Obwohl ein hochgradig qualifizierter Ordensträger bei Hofe wie bei Privatempfängen, empfing Goethe wie jeder bessere Staatsmann doch mehr Orden, als er tragen konnte, und zwar vorwiegend als Staatsmann, denn Dichter trugen oder empfingen damals kaum Orden oder Nobelpreise. Goethe ging wohl davon aus, ein großer Ordensstern sei besser als viele kleine, und wählte seine Dekoration je nach den Umständen entsprechend seinen kosmopolitischen Allüren und nicht immer zum Beifall seiner Gäste, denen er gefallen oder mißfallen wollte. Die Annahme des Ordens der Ehrenlegion von Napoleon nahmen patriotische Kreise ihm übel, und daß er den österreichischen Feldzeugmeister Reichsgraf H. Colloredo 1813 mit diesem Orden begrüßte, verübelte ihm der Gast auch. Im Gegenzug verliehen Kaiser Franz I. und Metternich auf Drängen Carl Augusts Goethe den Leopoldsorden, ließen ihn aber gleichzeitig von der politischen Polizei bespitzeln.

Die einzelnen Verleihungen: 14.10.1808 Ritterkreuz des Kaiserlichen Ordens der (französischen) Ehrenlegion (auf Weisung Napoleons); tags darauf 15.10.1808 Kaiserlich-russischer Orden 1. Klasse der Hl. Anna (durch Zar Alexander I.; Großkreuz mit Stern, das Goethe gern auch für Porträts trug); 1.8.1815 Kommandeurkreuz des Österreichisch-Kaiserlichen Leopold-Ordens (durch Franz I. und Metternich); 30.1.1816 Großkreuz des Großherzoglichen Hausordens der Wachsamkeit oder vom Weißen Falken (durch Carl August; großer Stern); 27.9.1818 Goldenes Kreuz der französischen Ehrenlegion (durch Ludwig XVIII.) und 28.8.1827 Großkreuz des Civil-Verdienst-Ordens der Bayerischen Krone (durch Ludwig I.).

72. Wie stand Goethe zur Französischen Revolution? «Ich konnte kein Freund der Französischen Revolution sein, denn ihre Greuel standen mir zu nahe und empörten mich täglich und stündlich, während ihre wohltätigen Folgen damals noch nicht zu ersehen waren. Auch konnte ich nicht gleichgültig dabei sein, daß man in Deutschland künstlicherweise ähnliche Szenen herbeizuführen trachtete, die in Frankreich Folge einer großen Notwendigkeit waren. Ebensowenig aber war ich ein Freund herrischer Willkür. Auch war ich vollkommen überzeugt, daß irgendeine große Revolution nie Schuld des Volkes ist, sondern der Regierung. Revolutionen sind ganz unmöglich, sobald die Regierungen fortwährend gerecht und fortwährend wach sind, so daß sie ihnen durch zeitgemäße Verbesserungen entgegenkommen und sich nicht so lange sträuben, bis das Notwendige von unten her erzwungen wird.» (zu Eckermann 4.1.1824)

So faßt Goethe 35 Jahre danach seine Stellung zu dem bedeutendsten weltpolitischen Ereignis seiner Zeit zusammen und gibt zugleich einen – natürlich unbeachteten – Rat für künftige Zeiten. Seine Meinung schwankte nur gering je nach dem Anlaß, dem Gesprächspartner und der Distanz zur Revolution. Als Verfechter einer bruchlosen Evolution in der Natur und als konstitutioneller Monarchist, Befürworter der Ständegesellschaft und eines politischen Reformkonservatismus war er gegen jede plötzliche Revolution eingestellt, differenzierte jedoch je nach den vorrevolutionären Zuständen. Bereits in der Halsbandaffäre von 1785, die Korruption am Königshof aufdeckte, sah er Anzeichen für den Zusammenbruch der Gesellschaftsordnung und den Achtungsverlust der Monarchie des Ancien Régime. Bei aller Kritik an den Ursachen und der Schuld des Regimes, sich abzeichnende Veränderungen nicht im Rahmen der bestehenden Gesellschaftsordnung aufgefangen zu haben, und der Einsicht in die Unvermeidbarkeit lehnte er jedoch einen gewaltsamen, widernatürlichen Umsturz mit seinen Greueln und die Verwilderung seiner Parteigänger ab. Auf Einzelheiten wie den Pariser Terror und die Hinrichtung des Königspaars ließ Goethe sich nicht näher ein. Auf deutsche Verhältnisse, meinte er, ließe sich ein solcher Umsturz nicht übertragen, da die Voraussetzungen fehlten. Jedoch er ließ sich übertragen, und Goethe goß die Schalen seines Zorns auf die literarischen Sansculotten an deutschen Universitäten aus. Jahrzehnte später, als die Ausdehnung der Revolution auf Deutschland vermieden war, mildert sich seine Ablehnung wegen der «wohltätigen Folgen», und er relativiert die Opfer im Verhältnis zum Gewinn. Auch die Begegnung mit Napoleon hilft ihm, die Revolution in ihrer geschichtlichen Notwendigkeit zu verstehen.

Goethes Arbeiten aus dieser Zeit zeigen seine «grenzenlose Bemühung, dieses schrecklichste aller Ereignisse in seinen Ursachen und Folgen dichterisch zu gewältigen.» *(Bedeutende Fördernis)*. Viele Werke nehmen indirekt darauf Bezug, bleiben jedoch in Einzelheiten stecken, ohne das Geschehen als Ganzes in den Griff zu bekommen. *Der Groß-Cophta, Der Bürgergeneral* und *Die Aufgeregten* verspotten das Geschehen, das Drama *Die natürliche Tochter*, der Erzählzyklus *Unterhaltungen deutscher Ausgewanderten* und das Epos *Hermann und Dorothea* nehmen direkt oder als Hintergrund darauf Bezug, während die *Campagne in Frankreich* 1792 und *Belagerung von Mainz* 1793, rund 30 Jahre später geschrieben, von Goethes eigenen Begegnungen mit den Revolutionären berichten. Das geplante große Werk blieb jedoch aus.

Spätere Zeitepochen, Revolutionen von rechts oder links und «fortschrittliche» Gruppen haben immer wieder versucht, Goethe zum Bannerträger oder Säulenheiligen ihrer politischen Tendenzen zu erheben. Bei seiner unmißverständlichen Ablehnung aller gewaltsamen Umstürze konnten sie dabei nur mit Hilfe eklatanter Fehldeutungen operieren.

73. Warum bewunderte Goethe Napoleon? Zwei Genies tun gut daran, einander zu meiden, wenn jeder von ihnen das größere Genie sein will. Das war Goethes Ansicht nicht. Er sah den französischen Kaiser Napoleon Bonaparte (1769–1821) als Überwinder der ihm verhaßten Revolution, Wiederhersteller der staatlichen Ordnung und schöpferisches Genie bei der Neuordnung und Einigung Europas, als Tatmenschen und Verkörperung des über Vernunft und Moral erhabenen Dämonischen, der schicksalhaften Notwendigkeit unabhängig von der politischen und militärischen Lage. «Es täte uns not, daß der Dämon uns täglich am Gängelband führte und uns sagte und triebe, was immer zu tun sei. Aber der gute Geist verläßt uns, und wir sind schlaff und tappen im Dunkeln. Da war Napoleon ein Kerl! ... Sein Leben war das Schreiten eines Halbgottes von Schlacht zu Schlacht und von Sieg zu Sieg.» (zu Eckermannn 11. 3. 1828)

Den Aufstieg Napoleons hatte Goethe mehr oder weniger interesselos verfolgt. Als aber Napoleon nach der Schlacht bei Jena und Auerstedt am 15.–17. Oktober 1806 im Schloß des geplünderten Weimar Quartier nahm, stand Herzog Carl August als General im preußischen Lager, und Herzogin Louise plädierte bei Napoleon für den Fortbestand ihres Staates. Auch die eingeheiratete Zarentochter Maria Paulowna mag ihn nach der Plünderung zur Milde gestimmt haben. Goethe entschuldigte sich mit Gesundheitsrücksichten von einer Audienz des Weimarer Geheimen Consiliums bei Napoleon am 16. Oktober 1806. Beim zweiten Aufenthalt Napoleons in Weimar am 23. Juli 1807 war Goethe in Karlsbad, doch er sollte ihm nicht entkommen.

Carl August sandte ihn zum Erfurter Fürstentag, wo Napoleon, auf der Höhe seiner Macht und von den deutschen Königen und Fürsten umgeben, ihm am 2. Oktober 1808 in Anwesenheit Talleyrands eine Audienz gab. Diese *Unterredung mit Napoleon*, die Goethe erst im Februar 1824 auf Drängen des Kanzlers von Müller nach dem Gedächtnis aufzeichnete und für die es mehrere ähnlich lautende Berichte gibt, war keine Privataudienz, sondern eher eine Musterung, bei der Napoleon gleichzeitig frühstückte und Ordonanzen abfertigte; sie galt weniger dem Staatsmann als dem Dichter, dessen *Werther* Napoleon in Korsika gelesen hatte. Napoleon sagte Goethe einige geistreiche und schmeichelhafte Worte. Dabei nannte er «eine gewisse Stelle» im Text (die Goethe nie verriet) «nicht naturgemäß», was Goethe höflich konzedierte. Die Anfangs- oder (nach anderen) Abschiedsworte des Korsen «Voilà un homme» werden vielfach als Kompliment überbewertet; sie sollten wohl der würdigen Erscheinung Goethes gelten und kaum mehr besagen als «Das ist ein (großer) Mann.» Goethe reagierte anders: «Ich will gerne gestehen, daß mir in meinem Leben nichts Höheres und Erfreulicheres begegnen konnte, als vor dem französischen Kaiser und zwar auf eine solche Weise zu stehen. Ohne mich auf das Detail der Unterredung einzulassen, so kann ich sagen, daß mich noch niemals ein Höherer dergestalt aufgenommen, indem er mit besonderem Zutrauen mich, wenn ich mich des Ausdrucks bedienen darf, gleichsam gelten ließ, und nicht undeutlich ausdruckte, daß mein Wesen ihm gemäß sei; wie er mich denn auch mit besonderer Gewogenheit entließ.» (an Cotta 2.12.1808)

Bei der zweiten Begegnung am 6. Oktober 1808 nach einem Hofball in Weimar und einer Aufführung von Voltaires *La mort de César* forderte Napoleon Goethe auf, nach Paris zu kommen und dort eine (ihn) verherrlichende Caesar-Tragödie zu schreiben. Goethe fühlte sich auch dadurch und durch die Verleihung des Kreuzes der Ehrenlegion am 14. Oktober hoch geehrt.

Den Erfolg Napoleons erklärt Goethe: «Allerdings war seine Persönlichkeit eine überlegene. Die Hauptsache aber bestand darin, daß die Menschen gewiß waren, ihre Zwecke unter ihm zu erreichen. Deshalb fielen sie ihm zu, so wie sie es jedem tun, der ihnen eine ähnliche Gewißheit einflößt.» (zu Eckermann 6.4.1829)

Auf der Flucht aus Rußland kam Napoleon am 15. Dezember 1812 nachts durch Weimar und ließ Goethe grüßen. Bei Napoleons neuem Aufenthalt in Weimar am 28. April 1813 war Goethe in Teplitz, doch am 13. August 1813 begegnete er ihm ein letztes Mal in Dresden.

Goethe beharrte auch in den Napoleonischen Kriegen von 1807-12 und den Freiheitskriegen 1813 wie nach Waterloo bei seiner uneingeschränkten Verehrung der Person Napoleons, für die er keine Zustimmung suchte, sondern sich «auf das Entfernteste» warf und die chinesische Kultur studierte. Die Hybris des Usurpators lehnte sein *Des Epimenides Erwachen* ab, und des Kaisers Exil auf St. Helena und sein Ende fand er nach seiner Auffassung des Dämonischen, das sich selbst überlebt, durchaus angemessen: «Ist es nicht rührend, den Herrn der Könige zuletzt soweit reduziert zu sehen, daß er eine gewendete Uniform tragen muß? Und doch, wenn man bedenkt, daß ein solches Ende einen Mann traf, der das Leben und Glück von Millionen mit Füßen getreten hatte, so ist das Schicksal, das ihm widerfuhr, immer noch sehr milde.» (zu Eckermann 10. 2. 1830)

74. War Goethe ein Patriot oder ein Weltbürger? Die Frage, die sich nicht nur für Goethe, sondern eigentlich für jeden Menschen stellt, ist im Grunde gar keine, aber sie wird in Perioden politischer Schwankungen immer wieder aufgeworfen. In Zeiten einer erstarkenden Nation besonders nach politischen Siegen wie den Befreiungskriegen verlangt die Nation von ihren Bürgern Vaterlandsliebe; in schlechten Zeiten besonders nach verlorenen Kriegen besinnt sich eine Nation auf höhere Ziele, läßt den Patriotismus beiseite und greift nach dem Weltbürgertum, das seine Niederlage auf höherer Ebene vergessen läßt.

Goethes Haltung solchen geistigen Wechselbädern gegenüber stellt den vermeintlichen Gegensatz der Begriffe ins rechte Licht. Er lehnt einen engstirnigen, intoleranten Patriotismus als politische Gefahr ab, befürwortet dagegen einen echten Patriotismus als den Versuch, für sein Land und Volk auf seinem jeweiligen Gebiet das Bestmögliche zu leisten: Also Heimatliebe, zu der «jedes Reich, Land, Provinz, ja Stadt berechtigt ist» *(Kunst und Altertum am Rhein und Main)*, aber kein ideologisch verbrämter Hurrapatriotismus oder Chauvinismus, sondern ein bedachter, unideologischer, materieller Patriotismus der nationalen Leistung als Pflicht für das Vaterland. Das gilt auch für die zeitweilige, unangemessene Forderung nach patriotischer Dichtung, der gegenüber Goethe die Kunstautonomie bevorzugt: «Der Dichter wird als Mensch und Bürger sein Vaterland lieben, aber das Vaterland seiner poetischen Kräfte und seines poetischen Wirkens ist das Gute, Edle und Schöne, das an keine besondere Provinz und an kein besonderes Land gebunden ist, und das er ergreift und bildet, wo er es findet.» (zu Eckermann März 1832)

Hinsichtlich der Begriffe kommt für die Goethezeit erschwerend hinzu, daß die französischen und deutschen Anhänger der Revolution den Begriff «Patriot» für sich beschlagnahmten.

Gleichzeitig aber, und wohl motiviert durch die Enge des Staates Sachsen-Weimar-Eisenach, bezeichnet Goethe sich zwar geographisch als Weimaraner, geistig jedoch als Weltbewohner oder Weltbürger (*Zahme Xenien* V) und damit als angesiedelt in einem weiteren, höheren, geistigen und humanen Bereich der Künste und Wissenschaften, der nicht durch regionale, nationale, politische oder sprachliche Grenzen beengt, sondern eine übernationale Geisteshaltung jenseits nationalstaatlichen Denkens ist. (In geschickter Phrasierung überspringt Goethe auf dem Weg von Weimar zur Welt den Begriff Deutschland, da dies zu seiner Zeit keine politische Größe, sondern nur ein zwar geistiger, aber sprachlich begrenzter Raum ist: «Deutschland? aber wo liegt es?», Xenion 95)

Goethes Vorstellung von zwei legitimen Kreisen, deren zweiter, größerer den engeren mit umfaßt, so daß jeder nicht aggressive Patriot seines Landes auch über sich selbst hinaus zugleich Weltbürger sein kann und daß beide Kreise einander nicht ausschließen, sondern überlagern, scheint mit der Zeit auch den fanatischsten Europäern einzuleuchten.

75. Wollte Goethe wirklich auswandern? Natürlich waren wieder einmal die Frauen an allem schuld: sie hätten es beinahe so weit gebracht, daß wir von einem «German-American writer named Goethe» reden könnten, selbstverständlich nur auf englisch, und daß Deutschland sich ungeahnte Summen für Preise, Denkmäler und Museen sowie deren Wiederaufbau hätte sparen können.

Goethe wäre von selbst nie darauf gekommen, aber als nach der Verlobung mit Lili Schönemann 1775 die Meinungen beider Familien über die Wünschbarkeit und die Chancen einer solchen Verbindung divergierten und die Bedenken wuchsen, erstaunte Lili Schönemann mit der Erklärung, sie wäre bereit, alles aufzugeben und mit Goethe notfalls nach Amerika zu gehen. (*Dichtung und Wahrheit* 19; zu Eckermann/Soret 5. 3. 1830) Seither beschäftigte Goethe das Problem des Auswanderns im Unterschied zum unfreiwilligen Exil *(Iphigenie)* und zur vorübergehenden, erzwungenen Auswanderung zur Lebenssicherung *(Unterhaltungen deutscher Ausgewanderten)*, bedingt durch die Wirren der Französischen Revolution.

Auswanderung wird zu einem Hauptthema in *Wilhelm Meisters*

Lehrjahren mit dem Auswanderungsplan der Turmgesellschaft. In der ersten Fassung der *Wanderjahre* wird die Auswanderung noch als «Grille» bezeichnet und als Motiv dafür die «betrügliche Hoffnung eines besseren Zustandes» angegeben, so daß die Turmgesellschaft «auf alles Auswandern Verzicht» leistet. In der zweiten Fassung der *Wanderjahre* dagegen gewinnt das Projekt der Auswanderung die Oberhand, und der Kreis um die Turmgesellschaft und dessen Freunde schließen sich zu einer Auswanderungsgesellschaft zusammen, die nach Amerika segelt, um «Die Besten und Würdigsten mit sich fort zu ziehen und ein günstigeres Schicksal jenseits der Meere zu suchen.»

Suche nach einer neuen, menschenwürdigeren Entfaltungsmöglichkeit und einer neuen, gerechteren Gesellschaftsform sind das Ziel dieses Ausbruchs aus der engen, beschränkten Alten Welt. Seit etwa 1790 empfing Goethe mehrfach, besonders intensiv seit 1816, Besucher aus Amerika, die er nach ihrer Heimat ausfragte, und 1825 unternahm auch Herzog Bernhard von Weimar eine Erkundungsreise nach Amerika und berichtete darüber.

Seit etwa 1820 wuchs ferner Goethes Interesse an Berichten und Büchern über Australien und besonders die Ansiedlungen in Sydney, die mehrfach Gesprächsthemen waren, bei denen Goethe mit Wissen strahlte. Erst am 15. Dezember 1829 aber besuchten ihn die einzigen Australier seines Lebens, der Großgrundbesitzer und spätere Politiker James Macarthur und sein Bruder, und auch sie wußten viel zu erzählen.

Ab etwa 1815 äußerte Goethe öfter das Bedauern, in jüngeren Jahren nicht nach Amerika ausgewandert zu sein, so z. B. am 10. Mai 1819 zu H. Meyer: «Wären wir zwanzig Jahre jünger, so segelten wir noch nach Amerika». (F. von Müller) Der bekannte Traum von der verpaßten Gelegenheit, aber vielleicht doch Deutschlands Vorteil.

Kunst und Geistesleben

76. Wie hast du's mit der Religion? Gretchens sogenannte Gretchenfrage an Faust (*Faust* I, 3415) entspringt der Sorge des Mädchens um Fausts Seelenheil und zugleich um die christliche Haltung Fausts, dem sie sich anvertraut und der sie in eine christliche Ehe führen soll. Faust weiß genau, was die Frage, später umschrieben in «Glaubst du an Gott?» (v. 3426) bezweckt, aber wie jeder geschickte Politiker antwortet er in diesem Religionsgespräch (v. 3415–3468) nicht direkt, sondern ausweichend und umschweifend und stellt Gegenfragen auf Gegenfragen, die Gretchen nicht beantworten kann: «Wer darf sagen... wer darf ihn nennen?» usw.

Dieselbe Frage, Goethe gestellt, würde ähnliche, aber zu verschiedenen Zeiten unterschiedliche Reaktionen ausgelöst haben, da seine religiöse Haltung Schwankungen unterworfen war und er das Christentum seiner Zeit nie so ernst nahm, intensiv darüber nachzudenken. Auch ist die religiöse Haltung seiner literarischen Figuren nicht seine eigene. Mit seinen Worten lassen sich daher fast alle Nuancen christlicher und unchristlicher Haltung belegen.

In einer konventionell protestantischen Familie und Welt aufgewachsen, übte Goethe früh Kritik an der geoffenbarten Religion, der Zuverlässigkeit der Bibel und der institutionalisierten Kirchenfrömmigkeit und neigte einer natürlichen Religion zu, glaubte also, ein höheres Wesen wirke in der Natur (*Dichtung und Wahrheit* II, 4). In der schweren gesundheitlichen Krise 1768/69 stand er zeitweilig dem schlichten Gottvertrauen des Pietismus nahe, ohne dessen Theologie und Dogmatik zu akzeptieren. Unter Einfluß der Spinoza-Lektüre kehrte er in Straßburg bald wieder zu einer dem Pantheismus verwandten, diesseitigen Naturfrömmigkeit oder besser allgemeinen Weltfrömmigkeit zurück, die ein ungreifbares Höheres als Quelle für die Ordnung und Schönheit der Welt ansieht. Im Brief an Lavater vom 29.7.1782 konnte er sich daher kontrastierend als «dezidierten Nichtchristen» erklären. In seiner tätig-nützlichen, schöpferischen, sittlichen und mitmenschlichen Lebensgestaltung im Sinne praktischer Humanität ließ er die letzten Fragen von Jenseits und Unsterblichkeit dahingestellt sein und erwog mit vorsichtiger Dezenz wie bei einer Brautschau alle Glaubensfragen nur als Möglichkeiten.

Die Begegnung mit dem Katholizismus in Italien mit seiner ästhetischen Macht, seiner Jenseitigkeit, Engstirnigkeit und Sinnenfeindlichkeit, dann wiederholt in der katholischen Wendung der Romantik, bestärkte nur seine Neigung zu Naturreligion und Pantheismus, für den die höchste Macht nur in ihrer Schöpfung zu erahnen ist. Ohne nähere konfessionelle Festlegung erkannte Goethe jedoch im Alter das Christentum als sozialen, geistigen, ethischen und kulturellen Faktor für die Ordnung des Menschenlebens und des Abendlandes an und hielt, obwohl kaum Kirchenbesucher, für seine Familie an den christlichen Sakramenten, an Taufe, Konfirmation, Ehe und Begräbnis fest. Für die Zukunft erhoffte er sich eine Wiedervereinigung beider christlichen Kirchen (zu Eckermann 11.3.1832).

«Die allgemeine, die natürliche Religion bedarf eigentlich keines Glaubens: denn die Überzeugung, daß ein großes, hervorbringendes, ordnendes und leitendes Wesen sich gleichsam hinter der Natur verberge, um sich uns faßlich zu machen, eine solche Überzeugung drängt sich einem jeden auf.» (*Dichtung und Wahrheit* I, 4). Aber ist das eine auch Gretchen verständliche Antwort auf die Gretchenfrage?

77. Wie stand Goethe zum Pietismus? In Deutschland konnte man zur Goethezeit auf sehr verschiedene Art und Weise ein frommer Christ sein: je nach der zugehörigen Kirche Protestant, Katholik oder Reformierter, und innerhalb der protestantischen Kirche gab es eine Reihe von religiösen Erneuerungsbewegungen, Sonderrichtungen oder Sekten an der Peripherie des Glaubens. Unter ihnen war der Pietismus die bedeutendste und, besonders im Osten, am weitesten verbreitete Richtung, weil er gegenüber der dogmatisch verhärteten Lehre eine verinnerlichte, gefühlsmäßige Frömmigkeit setzt, die der zeitgenössischen Empfindsamkeit nahesteht und innerhalb oder außerhalb des kirchlichen Ritus eine persönliche Nähe zu Gott und Christus verspricht. «Es entstanden die Separatisten, Pietisten, Herrnhuter ... die aber alle bloß die Absicht hatten, sich der Gottheit, besonders durch Christum, mehr zu nähern, als es ihnen unter der Form der öffentlichen Religion möglich zu sein schien.» (*Dichtung und Wahrheit* I) Der Pietismus lenkt dabei vom orthodoxen Protestantismus zu einem überkirchlichen Herzenschristentum ab und bedient sich eines Wortschatzes der Innerlichkeit und christlicher Selbstanalyse.

Durch seine Mutter und ihren Verkehr in Frankfurter pietistischen Kreisen wurde Goethe früh, wenn auch zunächst folgenlos, mit dem Pietismus bekannt. Während der Leipziger Studienzeit 1767/68 wirkte der Freund E. T. Langer ohne größeren Erfolg auf Goethes Neigung zum Pietismus ein. Erst während der Frankfurter Rekonvaleszenzzeit 1769 und unter dem selbständigen Einfluß der mütterlichen Freundin Susanna Katharina von Klettenberg, Vorbild für die «schöne Seele» in den *Lehrjahren*, kam Goethes durch die Krankheit und den Genesungswunsch leicht beeinflußbarer Gemütszustand der verinnerlichten Gefühlsfrömmigkeit näher. Er studierte ausgewählte pietistische Texte und adoptierte versuchsweise die pietistische Terminologie religiösen Erlebens und der Seelenanalyse, die seinen Wortschatz erweiterte.

Er trat der Frankfurter Brüdergemeine näher, besuchte 1769 auch die Synode der Herrnhuter Brüdergemeine in Marienborn, konnte sich jedoch mit deren Erbsünden- und Gnadenlehre nicht befreunden. Erst recht stießen ihn die engherzigen Straßburger Pietisten ab, während andere pietistische Freunde wie Jung-Stilling und später Lavater ihm näher traten. Mit der Zeit jedoch erkaltete Goethes Interesse am Pietismus, und 1776 bestätigte ein Besuch bei den Herrnhutern in Barby die eingetretene Entfernung. Aber auch später begegnete Goethe dem Pietismus mit Achtung, Nachsicht und gelegentlich milder Ironie besonders gegenüber den übersteigerten Positionen Lavaters.

Aufs Ganze gesehen, war der Pietismus wohl die stärkste Einwirkung auf Goethes schwankendes Christentum und die Geschmeidigkeit und Gemütskraft seiner Sprache.

78. War Goethe ein Künstler? In jedem weiteren Sinne war er es, wenn man unter Künstler jeden Kunstschaffenden in Malerei, Zeichnung, Graphik, Skulptur, Architektur, Tanz, Theater, Musik und heute auch Dichtung versteht. Im 18. Jahrhundert jedoch war die Einbeziehung der Dichtung, die unter der Flagge von Literatur lief, nicht selbstverständlich, da das Gros der Literatur damals aus Fach- und Sachbüchern und wissenschaftlichen Werken bestand, denen ein künstlerischer Impetus bekanntlich nicht gerade zuzusprechen ist.

Zumindest in drei Fachgebieten dieser Liste war Goethe aktiv: in Bildkunst, Theater und Dichtung. Während Theater und Literatur ihn vordringlich und lebenslänglich beschäftigten, gab es auf dem Gebiet der Bildkunst einen abrupten Riß im Februar 1788, als Goethe nach 18 Monaten Italienaufenthalt, nach vertieftem Studium der alten Meister und in Selbsterkenntnis seines Könnens, das über einen ehrlichen Dilettantismus nicht hinausrage, der aktiven Tätigkeit auf dem Gebiet der Zeichnung entsagte (zu Eckermann 10. 4. 1824; *Italienische Reise* 6. und 22. 2. 1788) und das teils sogar halb ironisch begründete: «Von meinem längeren Aufenthalt in Rom werde ich den Vorteil haben, daß ich auf das Ausüben der bildenden Kunst Verzicht tue.» (ebda.)

Obwohl er wohl die Einsicht, nicht aber den Entschluß ganz ernst nahm und oft genug rückfällig wurde, beabsichtigte er dennoch, in Zukunft literarisch sowie in langen Kunstgesprächen auf dem Gebiet der Kunstgeschichte und Kunstwissenschaft/Ästhetik, der Kunstförderung, Kunstschulung und Kunstverwaltung weiterzuarbeiten. Während er die romantisch-religiöse Kunst C. D. Friedrichs und der Nazarener und deren Frömmelei entschieden als unnatürlich ablehnt, verfolgt er sein Ziel einer Erneuerung klassizistischer Harmonie nach dem Vorbild der Antike.

In Goethes Nachlaß findet sich ein Corpus von ca. 2700 Handzeichnungen Goethes. Nach dem Grundsatz seines Vaters, «zeichnen müsse jedermann lernen» (*Dichtung und Wahrheit* I, 4), übte sich Goethe seit seiner Jugend zunächst ohne konsequente Schulung, dann 1758–61 bei Zeichenmeistern und den Malern des Königsleutnants im Vaterhaus, kopierte Frankfurter und niederländische Maler und zeichnete im Taunus und auf der Schweizer Reise Landschaften, derzeit eines der am geringsten geachteten künstlerischen Genres. In der Leipziger Studentenzeit ergab er sich dem klassizistischen Einfluß von A. F. Oeser, lernte an den niederländischen Landschaftsmalern der Dresdner Galerie, setzte die Studien in den ersten Weimarer Jahren und mit Hilfe von Tischbein, Hackert und C. H. Kniep in Italien fort, wo ihm die idealen Landschaften von Claude Lorrain und Nicolas Poussin zur Offenbarung wurden. Sein Zeichentalent hätte ihn beinahe in Malcesine, wo er die Burg zeichnete, als vermutlichen Spion ins Gefängnis gebracht – was entweder für die Wirklichkeitsnähe von Goethes Kunst oder gegen den Kunstsinn der Gendarmen spricht.

Auch nach der offiziellen Entsagung von 1788 schuf er besonders ab 1810 privat meist naturwissenschaftliche Studien, Landschafts- und Architekturskizzen. Porträtzeichnungen und Alltagsszenen von Umrißskizzen bis zu detaillierten Kompositionen, die zwar in Komposition und Ausführung Zeichen von Begabung, jedoch keine schöpferische Originalität aufweisen. Dagegen bekunden Goethes Kunstgespräche, besonders mit Eckermann (5.6.1825; 10.4.1829; 21.12.1831), tiefe Einsichten in die künstlerischen Praktiken. Die Beschäftigung mit Kunst war gegenüber der Dichtung bald nur eine Freizeitübung, doch sie trug unter anderem wesentlich zur Weltaneignung und zur Schulung des Blick für räumliche Zusammenhänge bei, der der Dichtung sowohl als auch der Theaterinszenierung und -dekoration zugute kam.

Goethes künstlerische Erfahrungen und ihre Formulierungen sind, eben weil sie nicht von den Praktikern, sondern von einem wortgewandten Adepten stammen, wegweisend für die Kunsterziehung und Kunstbetrachtung: «Das Auge war vor allen anderen das Organ, womit ich die Welt faßte. Ich hatte von Kindheit auf zwischen Malern gelebt und mich gewöhnt, die Gegenstände wie sie in Bezug auf die Kunst anzusehen.» (*Dichtung und Wahrheit* II, 6) «Daß ich zeichne und die Kunst studiere, hilft dem Dichtungsvermögen auf, statt es zu hindern, denn schreiben muß man nur wenig, zeichnen viel.» (*Italienische Reise*, 21. 12. 1787)

79. War Goethe ein Sachverständiger für Bildende Kunst? Dem Augenmenschen Goethe war das Auge dasjenige Organ, mit dem er die Welt erfaßte. Entsprechend faszinierte ihn die Bildende Kunst (Malerei, Skulptur, Architektur) zeitweilig stärker als die Alternative dazu, die Dichtung, und sie band auch sein Interesse und seine praktische Kreativität, Zeit und Mühe. Zum besseren Verständnis von Goethes Kunstanschauung ist die Einsicht notwendig, daß es zu seiner Zeit keine Kunstwissenschaft und keine Kunstgeschichte gab, daß als Kunst eigentlich nur die antike Kunst galt und Kunst allenfalls ein Gegenstand für Kenner, Liebhaber und Sammler war und nicht als wissenschaftliche Disziplin an der Universität, sondern nur als praktisches Handwerk in meist privaten Kunstschulen gelehrt wurde. Es gab keine wissenschaftliche Methodik der Kunstbetrachtung, und Publikationen zur Kunst wurden von Sammlern und Liebhabern verfaßt, deren Kunsturteil eine rein subjektive Geschmackssache war.

Es kommt hinzu, daß der Zugang zu echten Original-Kunstwerken für Laien in Deutschland sehr beschränkt war. Fürstliche Kunstsammlungen und «Wunderkammern» und erst recht private Galerien waren selten allgemein zugänglich, öffentliche Museen noch eine Seltenheit. Ölgemälde wurden in oft mittelmäßigen Kopien, wo nicht gar Fälschungen, oder schwarz-weißen Reproduktionsstichen, Skulpturen in teils verkleinerten Gipsabgüssen ausgestellt, andere waren nur durch Beschreibungen von Augenzeugen, z. T. mit falschen Zuschreibungen, bekannt.

Während die praktische Kunstarbeit im 18. Jahrhundert noch weitgehend im Geschmack von Barock und Rokoko mit leichten Übergängen zum Klassizismus wurzelte, stand die allgemeine Kunstanschauung noch ganz im Banne der klassischen Antike und war

Winckelmanns Prinzipien von Schönheit, Harmonie und Natur-nachahmung verpflichtet. Demgemäß begrenzt und durch seinen Kunstlehrer, den Winckelmann-Schüler A. T. Oeser in Leipzig, darin bestärkt, blieb Goethes Kunstgeschmack lebenslang einseitig dog-matisch auf antike und klassizistische Muster eingeengt. Barock und Rokoko wurden verabscheut und auch in Italien gemieden, Gotik nur zeitweise unter dem Eindruck des Straßburger Münsters und Dürers akzeptiert, die altdeutsche Kunst nur sehr vorübergehend durch den Freund Boisserée interessant, und alle moderneren, sub-jektiven Richtungen wie die Romantik und besonders die christliche Romantik der Nazarener verfielen dem Verdikt. Solche dogmatische Einseitigkeit, Rückwärtsgewandtheit und die Enge der Werkkennt-nis beeinträchtigen trotz des großen Umfangs von Goethes Kunst-schriften ihre Wirkung auf die Zeitgenossen. Für die Kunstentwick-lung folgenlos, sind sie nur als historische Zeugnisse für Goethes intensive Auseinandersetzung mit künstlerischen Fragen und deren Ergebnisse interessant und aufschlußreich.

Goethes erste Begegnung mit der Bildenden Kunst fand im Eltern-haus statt, wo der Vater eine kleine, konventionelle Sammlung von meist Landschaften, Rokokothemen und Kleinplastiken (nach Goe-thes Mutter: «Nacktärsche») anlegte und in seinem Hause auch Frankfurter Künstler beschäftigte. Noch mehr aber setzte der in Goe-thes Elternhaus einquartierte Königsleutnant Thoranc hessische Maler im Stil des bürgerlichen Rokoko ins Brot, deren Namen kaum überlebt haben. Das erste Erlebnis klassischer Kunst, wenn auch in Abgüssen, vermittelte der Besuch im damals berühmten Mannheimer Antikensaal 1769. Breitere Kenntnisse bot dann erst die Italienische Reise 1786-88, bei der neben den antiken Skulpturen und Bauten auch die Tradition der italienischen und französischen Renaissance-maler wie Raffael, Poussin, Claude Lorrain u. a. m. als «neue Grie-chen» an Einfluß gewinnen, während barocke Bildhauer und Bauten ignoriert werden.

In Weimar gerät Goethe sehr zu seinem Nachteil unter den Einfluß seines künstlerischen Ratgebers Johann Heinrich Meyer («Kunscht-meyer»), der ihn in seiner schroffen Ablehnung der Romantik und ihrer dem klassizistischen Ideal zuwiderlaufenden Mittelalterveh-rung, ihres extremen Subjektivismus und des christlichen Mysti-zismus der Nazarener bestärkt. Größere Lücken zeigt Goethes Kunst-kenntnis hinsichtlich der zeitgenössischen klassizistischen Maler. Von den deutschen Malern kennt er Chodowiecki, Tischbein, Hackert, A. Kauffmann, ist weniger glücklich mit C. D. Friedrich und O. Runge, unter den Bildhauern kennt er Dannecker, Schadow, Rauch, Tieck und Schinkel sowie den Franzosen David d'Angers. Die zeitgenössische ausländische Kunst (Canova, Turner, Goya u. a. m.) blieb ihm schon aus Kommunikationsgründen weitgehend verschlossen, und um so mutiger erscheinen doktrinäre, pauschale Kunsturteile auf so enger Basis.

Durch seine Kunstzeitschriften *(Propyläen, Über Kunst und Altertum)* sowie durch die Weimarer Kunstfreunde und deren Preisaufgaben suchte Goethe mit wenig Erfolg, die zeitgenössische Kunstentwicklung auf die Bahnen des Klassizismus zurückzulenken. Daß jede Kunst nicht auf einem einmal erreichten Punkt, und sei er noch so gut, verharren kann, sondern Experimente, neue Methoden und neue Themen braucht, entzog sich seiner Einsicht.

Seine eigenen künstlerischen Ambitionen, gefördert durch Oeser, G. M. Kraus, Tischbein und Hackert, konzentrierten sich von Jugend an auf Handzeichnungen von Landschaften. Sie erlebten durch die Italienreise einen Rückschlag, als Goethe sein dilettantisches Ungenügen erkannte und sie nur zu Freizeitbeschäftigungen degradierte. An ihrer Stelle erweiterte er durch Ankäufe die herzogliche und die eigene Kunstsammlung.

Zieht man die dürftigen Arbeitsmöglichkeiten und die verheerende Quellenlage an Ansichtsmaterial (ohne Farbphotos und Internet) in Betracht, so muß man dennoch Goethes unbekümmerten Mut und seinen Einsatz für eine wenn auch altmodische Idee bewundern. Daß die Ideen nicht überdauert haben, kann ihm nicht angelastet werden.

80. Was enthielten Goethes Kunstsammlungen? Wer immer den großen Empfangssalon im ersten Stock von Goethes Haus am Frauenplan betritt und dort den kolossalen, den Raum beherrschenden Gipsabguß eines römischen Frauenkopfes erblickt, weiß sofort, daß dort ein Kunstsammler wohnte. Goethe hätte einem Besucher erklärt, dies sei der Kopf der Juno Ludovisi von der Villa Ludovisi in Rom, und zwar sein zweiter, den ersten habe er der Malerin Angelica Kauffmann in Rom überlassen, da er ihn schwerlich im Rucksack über die Alpen hätte tragen können, aber natürlich habe die Juno nur einen Kopf gehabt, und hohl sei er auch nicht gewesen. Heute allerdings

Abb. 10 Das Junozimmer in Goethes Haus am Frauenplan.

vermutet man, daß auch dieser Kopf gar nicht der Juno gehört habe, sondern der Antonia Augusta, der ihr Sohn, Kaiser Claudius, ein Denkmal in den Dimensionen der Niederwald-Germania oder der New Yorker Freiheitsstatue gesetzt habe. Glücklicherweise weiß Juno das nicht, denn die Anbetung falscher Götzenbilder ...

Und ebenfalls glücklicherweise ist diese Pseudo-Juno das einzige Teilstück, das Goethe von ihr besaß – er erhielt es 1823 als Geschenk aus Berlin – , denn man schaudert bei der Vorstellung, daß noch andere Körperteile der Dame im Goethehaus Unterschlupf gefunden haben könnten. Und das größte Stück in Goethes Kunstsammlung ist sie auch.

Goethe hatte nämlich eine Eigenart: statt wie jeder vernünftige Amerikaner Photos von seinen Lieblingen zu machen, mußte er sie besitzen. Und da er lange lebte, viel reiste und kaufte und manches Geschenk erhielt, kam mit der Zeit einiges zusammen: in runden Ziffern jeweils etwa 130 Skulpturen und Büsten, 500 Kleinplastiken, 50 Ölgemälde und Aquarelle, 4000 eigene und fremde Handzeichnungen, 6000 Graphiken, Kupferstiche, Radierungen, Lithos usw., 9000 Gemmen und deren Abdrücke, 200 Porzellan- und Tongefäße, 100 Majoliken, 50 Basreliefs und Medaillons und noch vieles andere, insgesamt über 26 500 Objekte, für die extra Räume mit Schränken und Regalen eingerichtet werden mußten. Wenn Goethe sie alle katalogisiert hätte, hätten wir wohl keine Zeile Dichtung von ihm. So hinterließ er das meiste unkatalogisiert den Enkeln mit der Auflage, die Sammlungen im Haus am Frauenplan zusammenzuhalten und der Öffentlichkeit zugänglich zu machen.

Goethe kaufte oder ersteigerte einfach alles ihm Beachtenswerte und ihm finanziell Erreichbare und brachte es mit einem Aufwand von über 6000 Dukaten zu einer der größten privaten Kunstsammlungen Deutschlands. Warum? Weil es zu haben war, er seinen Kunstgeschmack daran schulte und die Anschauung zur eigenen Bildung brauchte: «Mir ist der Besitz nötig, um den richtigen Begriff der Objekte zu bekommen. Frei von den Täuschungen, die die Begierde nach einem Gegenstand unterhält, läßt erst der Besitz mich ruhig und unbefangen urteilen. Und so liebe ich den Besitz, nicht der besessnen Sache, sondern meiner Bildung wegen, und weil er mich ruhiger macht» (zu Kanzler von Müller 23. 10. 1812). Das ist allerdings die Entschuldigung und Selbsttäuschung vieler passionierter Sammler, und sie schadet niemandem.

Goethe lebte mit seiner Sammlung. Mit besonderer Vorliebe betrachtete er oft einzelne Werke im engeren Kreis und nahm sie zum Anlaß intensiver Kunstgespräche, die wiederum seine Kunstkritik schulten. So liegt der Wert seiner Kunstsammlungen weniger im Kunstwert der Einzelstücke als in der Tatsache, daß sie Teile von Goethes Lebenswelt sind, die er nach seinem Geschmack für sammelnswert hielt.

81. Was bedeuteten die Griechen für Goethe? «Das Land der Griechen mit der Seele suchend», so blicken Goethes Iphigenie und Feuerbachs Iphigenie sehnsuchtsvoll nach ihrem Heimatland und Goethe nach dem Mutterland der abendländischen Kultur. Doch während Iphigenie eine Rückkehr gewährt wird, bleibt Goethe ausgeschlossen. Er muß sich mit ästhetischen Surrogaten der europäischen Urkultur, griechischen Texten meist in lateinischer Übersetzung und mit Repliken griechischer Kunstwerke und Bauten in den Kolonien Großgriechenlands begnügen. Grund genug, am humanistischen Gang zu den Quellen zu verzweifeln. Ihm wie auch Winckelmann und Lessing blieb der Zutritt zu Hellas versperrt, das von kriegerischen Unruhen bewegt wurde und unter türkischer Herrschaft stand. Auch Fürst Christian August von Waldeck, der Goethe 1787 zu einer Griechenlandreise einlud, mußte von dem Plan Abstand nehmen.

So blieben Griechentum und Griechenland, vielleicht zu ihrem Vorteil, bei den deutschen Helenophilen ein reines Bildungserlebnis ohne realen Hintergrund, ein idealistisch geschöntes Bild idealen Menschentums in Denken, Dichten und Schaffen, wie die Schule es seit dem Humanismus viel intensiver als heute, wo andere Bereiche im Vordergrund stehen, mittels Geschichte, Geographie, Mythologie, Philosophie, Literatur und Kunst gelehrt hatte. Aus dieser reichen Ernte, erweitert durch eigene Text- und Quellenstudien, schöpfte Goethe in vollem Maße Stoffe, Figuren und Materialien für seine Dichtungen, viele mit griechischen Namen wie Prometheus, Ganymed, Pandora, Nausikaa, Achilles, Iphigenie u. a., oder die Klassische Walpurgisnacht und den Helena-Akt des *Faust*.

Goethes Kunstverständnis wurde indirekt durch Winckelmann («edle Einfalt und stille Größe»), direkt durch dessen Schüler Oeser in Leipzig sowie in Weimar durch den «Kunst-Meyer» etwas einseitig ausgerichtet und durch Museen wie den Mannheimer Antikensaal, in Rom, Neapel und Sizilien erweitert. Es gipfelte in Goethes Weimarer Sammlungen von unvollkommenen Gipsabgüssen griechischer Statuen, Büsten und Gemmen.

Goethes Bild der griechischen Kultur als unübertreffliche Gipfelleistung an Klarheit, Freiheit, Heiterkeit, Anschaulichkeit, Harmonie und reifem Menschentum, propagiert in seinen Zeitschriften und den Weimarer Kunstausstellungen, wirkte zum Nachteil zeitgenössischer Strömungen durch das ganze 19. Jahrhundert und führte z. T. zur Geringschätzung der Romantik. Neues Interesse erregte der griechische Freiheitskampf, bei dem Goethe besonders an Byrons Tod Anteil nahm. Als Zitat nahm Goethe in die *Maximen und Reflexionen* (298) den Satz auf: «Unter allen Völkerschaften haben die Griechen den Traum des Lebens am schönsten geträumt.»

82. War Goethe ein Komödiant? Goethe hatte keine Schauspielschule oder praktische Bühnenausbildung absolviert, unterschied sich also nicht von den meisten Schauspielern seiner Zeit, die ihren Beruf auf der Bühne lernten und, wenn sie Glück hatten, bei einem erfahrenen Schauspieler in die Lehre gingen. Er ergriff den Komödianten auch nie als Berufsbild oder gar als Berufung, son-

dern schlidderte als Dilettant mit anderen Laienspielern ins Liebhabertheater.

Von der theaterbesessenen Mutter infiziert, spielte das Kind mit
dem Marionettentheater und gelegentlich in Kinderaufführungen
im Familienkreis. Erste Begegnung mit dem klassischen und zeitgenössischen Theater brachte ihm ein Freibillett zur französischen
Bühne während der französischen Besetzung Frankfurts 1759–62.
In Leipzig besuchte er oft Theateraufführungen deutscher und aus-
ländischer Stücke und Singspiele und spielte gelegentlich in Laien-
aufführungen mit, so als Wachtmeister Werner in Lessings *Minna von
Barnhelm*. Das klassizistische Theater Straßburgs sagte ihm weniger
zu, doch seit der Italienreise zeigte er auf Reisen sein Interesse an den
Zuständen örtlicher Theater.

In Weimar hatte noch vor Goethes Eintreffen der Brand des Schlos-
ses und Schloßtheaters 1774 der Theatertradition ein einstweiliges
Ende gesetzt. An ihre Stelle trat, von der Herzogin Anna Amalia kräf-
tig unterstützt, 1775 ein Liebhabertheater mit Laienspielern aus Adel
und – man sage und schreibe: – Bürgertum, das unregelmäßig in verschiedenen Spielorten in und um Weimar, schließlich seit 1780 im
neuen Komödienhaus mit Lustspielen, Stegreifkomödien und Pos-
sen, dann auch mit Goethes frühen Lustspielen und als Höhepunkt
1779 mit seiner *Iphigenie* mit Corona Schröter als Iphigenie und Goethe als Orest auftrat. Diese Vereinigung entwickelte sich rasch zu
einem unkonventionellen Drehpunkt des literarischen Lebens und
gewann 1776–82 Goethe als Leiter, Autor, Dramaturg, Regisseur und
als Schauspieler. Sie bot ihm eine erste Gelegenheit, seine schauspie-
lerischen Sporen zu verdienen und seine Vorstellungen eines klassischen deutschen Theaters praktisch zu erproben. Die zeitgenössischen Zuschauer lobten Goethes «angenehme Figur», «mimisches
Talent», «drastische Komik» und verblüffende Wandlungsfähigkeit,
die es ihm erlaubte, in jede Rolle zu schlüpfen. Der «weit und breit
beste Schauspieler» (D. J. Veit 1794) agierte schon beim Erzählen
mimisch, spielte beim Lesen jede Rolle, zeigte den Schauspielern die
richtige Darstellungsweise und war auch bereit, einem mit seiner
Rolle unzufriedenen Schauspieler diese abzunehmen. Hier, als Komödiant, sammelte Goethe praktische Erfahrungen für seine spätere
Tätigkeit als Theaterdirektor. «Ich hab' es öfters rühmen hören, / Ein
Komödiant könnt' einen Pfarrer lehren» (*Faust* v. 526 f.) – einen Dichter auch?

Abb. 11 Goethe als Orest, Corona Schröter als Iphigenie. Gemälde von G.M. Kraus. 1779.

83. Warum machte Goethe so ein Theater? Im Januar 1791 übertrug Herzog Carl August Goethe zu anderen Ämtern auch die Direktion des künftigen Weimarer Hoftheaters. Es hätte auch anders kommen können, aber Weimar war nicht München. Dort, so berichtet der Erzähler Serenus Zeitblom in Thomas Manns *Doktor Faustus*, war der ehemalige stockkonservative Reiteroberst Exzellenz Baron von Riedesel auf den Posten eines Generalintendanten der Königlichen Schauspiele einschließlich der Oper befohlen worden, «weil er dafür bekannt gewesen war, ein wenig Klavier zu spielen».

Carl August traf für Weimar eine glücklichere, wohl die beste Wahl. Das Weimarer Schloß besaß seit 1696 ein Schloßtheater für ganze rund 100 geladene Zuschauer aus der Hofgesellschaft, in dem wechselnde Wandertruppen oft über mehrere Spielzeiten hinweg Vorstellungen gaben. Als dieses Theater noch vor Goethes Ankunft in Weimar beim Schloßbrand 1774 vernichtet wurde, sprangen das Weimarer Liebhabertheater unter Goethes Leitung (siehe: War Goethe ein Komödiant?) und 1784–91 die Bellomosche Truppe ein, bis 1791 das Herzogliche Hoftheater unter Goethe als Intendant eröffnet wurde. Der 1788 erweiterte Theaterbau brannte 1825 nieder und wurde durch eine Intrige der Actrice und herzoglichen Mätresse Caroline Jagemann nicht durch den von Goethe mit dem Architekten C. W. Coudray vorgeschlagenen eleganten Bau, sondern durch einen schmucklosen Zweckbau ersetzt, der über Goethes Lebenszeit hinaus bis 1907 als Spielstätte diente. Goethe freilich war nach weiteren Intrigen 1817 als Theaterleiter zurückgetreten.

Die Theaterleitung lag seit 1791 in den Händen einer «Oberdirektion», ab 1797 «Hoftheaterkommission», mit Goethe als künstlerischem Leiter und F. Kirms als Administrator, ferner Kapellmeister J. F. Kranz, Dramaturg Ch. A. Vulpius u. a. Das Theater spielte von Oktober bis Juni dreimal wöchentlich mit Schauspiel und Oper und sommers auf Gastspielen in Abstecherbühnen der Umgebung wie Bad Lauchstädt, Rudolstadt, Erfurt u. a. Es konnte sich nur junge und mittelmäßige Darsteller, keine Stars, leisten und mußte mitunter merkwürdige zusätzliche Sparmaßnahmen ergreifen.

Goethe betrachtete seine Stellung zunächst als Provisorium bis zu einer besseren Lösung und ging mit nötigen Reformen langsam zu Werke. Er schritt gegen den «abscheulichen Schlendrian, in dem die mehrsten deutschen Schauspieler bequem hinleiern» ein, lockte bei minimalen Gagen durch niedrige Eintrittspreise das Publikum ins Theater, leitete 1792 eine völlige Erneuerung des Ensembles ein und disziplinierte den Schlendrian der Schauspieler durch ein Theatergesetz, später die rigoros-pedantischen, viel verlästerten *Regeln für Schauspieler*. Sein oberstes Ziel war die Hebung des künstlerischen Niveaus durch die Einheit von Inhalt und Form, Repertoire und Darstellung. Er erweiterte die Zahl der Lese- und Bühnenproben in seiner Gegenwart, verstärkte über die Regie die harmonische Ensemblewirkung, verlangte eine bessere Sprechkultur durch deutliche, dialektfreie Sprache, sicheres Versesprechen, kontrollierte Mimik und Gestik und psychologische Verinnerlichung der Rolle, griff oft selbst in Proben ein und übte nötigenfalls auch junge Schauspieler selbst ein. Nicht nur die Schauspieler, auch das Publikum mußte er sich heranziehen. Gegen alle Anfeindungen, wie sie im Theater nie ausbleiben, hielt er unerbittlich an seiner Konzeption fest und schuf damit den auf Würde bedachten Weimarer Hoftheaterstil.

Neue Impulse brachte seit 1796 die Zusammenarbeit mit Schiller. Fast alle späteren Dramen Schillers und Goethes eigene Dramen erlebten ihre Uraufführungen in Weimar, und daß Schiller größere Begeisterung auslöste als die eigenen Stücke, störte Goethe nicht. Bühnenbearbeitungen klassischer Dramen von Calderon, Corneille, Racine, Molière, Voltaire, Shakespeare und Gozzi, aber auch Stücke von Kleist, F. und A.W. Schlegel bestärkten den Rang Weimars als eines erstklassigen Literaturtheaters, während Kotzebue und Iffland die einträgliche Tagesware lieferten. Insgesamt wurden während der 26 Jahre von Goethes Theaterleitung rund 650 Stücke aufgeführt.

In einer Periode der Theatermüdigkeit 1817 benutzte eine Intrige der besagten Dame Jagemann Goethes Verbot des Auftretens von Hunden auf der Bühne zu einer Provokation und veranlaßte seine Bitte um Entlassung, der der Herzog, persönlichen Schwierigkeiten ausweichend, nachkam.

Goethes Versuch eines literarischen Theaters von Rang im klassizistischen Stil stieß bei aller Anerkennung der Fachleute in dem vom Konsum- und Vergnügungstheater beherrschten 19. Jahrhundert auf wenig Gegenliebe und Verständnis, endlose Sticheleien und böse Intrigen, setzte aber neue Ziele für eine literarisch und künstlerisch hochstehende Entwicklung. Sein Wirken für dieses Ziel fand nur geringen literarischen Niederschlag. Es erscheint aber heute wichtiger als seine naturwissenschaftlichen Forschungen, seine künstlerischen und kunstwissenschaftlichen Bestrebungen und seine Bemühungen auf dem Gebiet der Musik und wird nur übertroffen von seinem dichterischen Werk. Die Synthese von Dichter und Theaterleiter hat sich auf diesem Niveau nicht wiederholt. Nach seinem Ausscheiden fiel das Weimarer Theater bald wieder auf die Stufe provinzieller Mediokrität zurück, und von der hohen Zeit seiner Theaterkunst blieb nur die Erinnerung, in der das Theater, das Goethe machte, ein Stachel zur Fortsetzung bleibt.

84. Wozu dient das Marionettentheater? Dies ist ein Lehrstück für Eltern, die ihre Kinder zu a) literarischen Genies oder b) Versagern erziehen wollen. Das Marionettentheater, die kleine Bühne mit von oben durch Drähte oder Fäden bewegten Puppen, ist schon vom Format her der intime Vorläufer des Fernsehens, aber mit drei entscheidenden Vorteilen: Sie ist dreidimensional, nicht flächig, sie zeigt nur das, woran die Leute Interesse haben, und sie ist zu klein für Fußballspiele. Auch kann man sie nicht hinstellen, anschalten und stundenlang unbeobachtet laufen lassen, sondern sie fordert gegenüber dem teilnahmslosen Zuschauer ein Minimum an kreativer Mitarbeit.

Daß dabei unbewußt unterschwellige Wunschträume oder Aggressionen zum Ausdruck kommen, hat der Sceno-Test der Psychoanalytiker gefunden und damit das harmlose Spiel zum psychischen Offenbarungseid umgemünzt.

Das alles wußte Goethes Großmutter noch nicht, als sie ihrem Enkel zu Weihnachten 1753 ein Marionettentheater schenkte, dessen Reste das Frankfurter Goethehaus heute noch aufbewahrt. Anscheinend bedurfte es einiger Zeit, bis Goethe nach anfänglicher Spielerei die Herausforderung annahm und um 1765 eigene Spiele nach biblischen Stoffen erfand. Man geht sicher nicht fehl in der Annahme, daß das Spiel mit Marionetten die dramatische Phantasie anregt und die Entwicklung zum Dramatiker fördert. Auch Goethe muß diese Erfahrung gemacht haben, denn auch er schenkte seinem Sohn August Weihnachten 1800 ein Puppenspiel.

Nachdem auch Wilhelm Meister in seiner Kindheit ein Marionettentheater erhielt, wird dieses fast ein Standardmotiv des deutschen Bildungsromans, mit einer interessanten Abweichung allerdings: Wenn in Thomas Manns *Buddenbrooks* (8. Teil) der kleine Hanno sein ersehntes Puppentheater erhält, rät ihm Christian Buddenbrook: «Hänge deine Gedanken nur nicht zu sehr an solche Sachen.» Das Puppentheater wird vom Anreiz zu literarischem Schaffen zum Symbol der Abwendung von der Lebenspraxis, ein Markstein auf dem Weg zum Verfall.

85. Wie stand Goethe zur Musik? «Wer Musik nicht liebt, verdient nicht, ein Mensch genannt zu werden, wer sie nur liebt, ist erst ein halber Mensch, wer sie aber treibt, ist ein ganzer Mensch.» Dies sagte Goethe um 1822 zu dem Egerer Musiker Joseph Pleyer. Bei näherem Hinsehen würde er sein übertriebenes Kompliment wohl gern verschluckt haben, denn wenn er seine eigene Rolle nach diesem Dreisatz beurteilte, so blieb nicht viel Mensch übrig. Es galt also, sich anzustrengen.

Goethe war mehr Augenmensch als Ohrenmensch und hatte nur ein schwaches, sehr sekundäres und eher theoretisches Verhältnis zur Musik als der abstraktesten aller Künste. Das schließt eine genuine praktische wie rezeptive Musikalität nicht aus, und mit zunehmender Liebe, lebhaftem Interesse und Anstrengungen zum Verständnis wuchs auch sein Musikgenuß, ohne den einem «ein schöner Teil des Lebensgenusses abgeht.» (an Zelter 27. 2. 1804)

Mangels elektrischer und elektronischer Musikträger und infolge seltener Konzerte blieb dem Durchschnittsbürger seiner Zeit nur das eigene Musizieren in der Form der Hausmusik, die Goethe auch sehr schätzte und früh einrichtete. Große und symphonische Orchestermusik hat er wohl nie gehört und nur Klavierauszüge gesehen. Er lobte die wohltätige Wirkung der Musik auf seine Stimmung und ließ mitunter lokale Solisten oder Quartette kommen und im Nebenzimmer spielen («Musik habe ich mir kommen lassen, die Seele zu lindern und die Geister zu entbinden.» an Ch. von Stein 14. 2. 1779). In Rom veranstaltete er 1787 sogar ein Konzert für seine Freunde, das ihn lästigerweise in den Geruch brachte, «ein reicher Mylordo» zu sein.

Goethes Vater spielte die Laute, die Mutter Klavier, und die Schwester sang. Zweckdienlicherweise und weil es sich so gehörte, nahm Goethe ohne viel Enthusiasmus Cembalounterricht in Frankfurt und Cellounterricht in Straßburg. In rechter Einschätzung seines musikalischen Könnens spielte er jedoch nicht vor Hörern, mit Ausnahme eines Flötenspiels bei Breitkopfs in Leipzig. Generell zog er Vokalmusik der aufkommenden Instrumentalmusik mit ihrer Neigung zur Virtuosität vor, ließ sich aber gern von ortsansässigen oder durchreisenden Musikern wie F. Mendelssohn, M. Szymanowska, Weber, Loewe, Spontini, Paganini oder Clara Schumann vorspielen, mit Vorliebe Stücke von Johann Sebastian und Carl Philipp Emanuel Bach, Händel, Haydn, Mozart und Beethoven. Der Berkaer Lehrer und Organist J. F. H. Schütz durfte ihm stundenlang Werke J. S. Bachs und anderer Klassiker vorspielen, aber nur «in historischer Reihe». Die Rolle des Weimarer Komponisten, Klaviervirtuosen und Improvisators Johann Nepomuk Hummel an Goethes Flügel von Schillers Jugendfreund Streicher unterschätzte er ebenso wie die Nachwelt.

Da das Weimarer Musikleben natürlich dem in den großen Städten beträchtlich nachstand, hatte Goethe wenig Gelegenheit, sich in die zeitgenössische romantische Musik einzuhören, und zeigte darüber ein bemerkenswert unselbständiges Urteil. Er suchte Rat und ließ sich von konservativen Liedkomponisten wie Zelter sagen, was er von modernen Kompositionen zu halten habe. Zwei Anfragen Schuberts, ob er ihm eine Sammlung von durchkomponierten Goethe-Liedern widmen dürfe, ließ Goethe unbeantwortet, sandte die Noten kommentarlos an den Absender zurück, und Schubert blieb bis zu seinem Tode in Weimar unerhört, weil Goethe harmlose Strophenlieder vorzog. Hector Berlioz sandte Goethe 1829 seine *Huit scènes de Faust*. Auf seine Anfrage erhielt Goethe von Zelter sein ablehnendes Urteil, und Berlioz blieb unbedankt. Der Augenmensch Goethe fand nur das Notenbild «wunderlich». Solche ihm selbst bewußte und eingestandene Unsicherheit im Musikurteil hielt Goethe aber nicht davon ab, sich um Vertonungen seiner Lieder und Dramen zu bemühen, die nach Sprachmelodie und Versrhythmus geradezu nach Vertonung drängten, und in der Tat ist Goethe der am häufigsten komponierte deutsche Dichter.

Seine Liebe zur Musik herkömmlicher Bauart dokumentiert sich ferner in der mißverständlich so genannten «Hauskapelle», einem gemischten Kammerchor, der als Ersatz für die früheren Konzerte um Anna Amalia 1807–13 im Goethehaus übte und sonntags dort sang. Sie wurde abgelöst durch Goethes «Hausmusik» mit Konzerten durchreisender Musiker (s. o.).

Dennoch blieb Goethes Verhältnis zur Musik bei allen Bemühungen vorwiegend theoretisch, und er plante sogar eine der *Farbenlehre* entsprechende *Tonlehre*, die jedoch über das Konzept von 1815 nicht hinausgelangte. Im Ganzen kann man wohl sagen, daß Goethe mehr durch die Musik als die Musik durch Goethe gewonnen habe, und damit reiht sich Goethe der Mehrheit ein. «Die Würde der Kunst erscheint bei der Musik vielleicht am eminentesten, weil sie keinen Stoff hat, der abgerechnet werden müßte. Sie ist ganz Form und Gehalt und erhöht und veredelt alles, was sie ausdrückt.» (*Maximen und Reflexionen* 486).

86. Ist Goethe ein Klassiker?   Das Wort Klassiker hat in über zwei Jahrtausenden sehr unterschiedliche Bedeutungen angenommen.

«Classicus» war im antiken Rom ein Bürger der ersten, höchsten Steuerklasse, also ein Multimillionär. Da die Reichen damals noch hochgeachtet waren, übertrug man den Rang-Begriff auf mustergültige, vorbildliche Autoren und Künstler, die die antiken Kunstleistungen zum Vorbild nahmen, nunmehr ohne Rücksicht auf deren Einkommensteuer.

Mit der Wiederentdeckung des «klassischen Altertums» in der Renaissance wurde alles klassisch genannt, was sich auf die Antike bezog, z. B. die «klassische Landschaft», und ein «klassischer Autor» war zunächst jemand, der Form und Gehalt der antiken Literatur nachahmte oder vom Geist der Antike beseelt war, im genaueren Sinne also ein Klassizist. Auf die einfachste Formel gebracht, ist «Klassizist» ein Stilbegriff, «Klassiker» ein Rangbegriff. Beide können in einer Person zusammenfallen.

Neben die Form/Inhalt-Bestimmung des Klassizismus nahm die Bezeichnung Klassiker nunmehr auch die früheste Definition als «hervorragend, meisterhaft» ohne Rücksicht auf irgendwelche Vorbilder wieder auf, so daß die glanzvollste Epoche einer Nationalliteratur, ihr Höhepunkt, als Klassik bezeichnet wurde, gleichgültig, ob sie nun antikisierend war oder nicht.

So vereinten sich in der etwas verächtlich als «Weimarer Klassik» eingeengten deutschen Klassik von Goethe und Schiller sowohl die Antike-Anverwandlung als auch die Spitzenleistung, und Goethe wäre in diesem Sinne sogar ein doppelter Klassiker. Diese deutsche Klassik um 1800, die auch geistig durch Humanität, Harmoniestreben, Kunstautonomie und ein ästhetisches Lebensideal gekennzeichnet ist, bildet einen Sonderfall in der europäischen Literaturgeschichte, die dieselbe Epoche mit Classicism abdeckt oder schon auf Romanticism vorausgreift. In der englischen Literaturwissenschaft z. B. rangiert Goethe als «romantic».

Der Begriff Klassiker allerdings hat im Deutschen noch eine weniger erfreuliche Wandlung durchgemacht: Als um 1870 der Urheberrechtsschutz für die meisten Autoren der klassisch-romantischen Zeit und allmählich auch ihrer Nachfolger erlosch, nannte man fast alle druckfreien Autoren Klassiker und überschwemmte den Buchmarkt mit billigen sogenannten Klassikerausgaben. So wurde Goethe auch in mancher Hinsicht, die ihm vielleicht gar nicht paßte, zum Klassiker ernannt.

Aber keineswegs nur das. Schließlich kann man selbst von einem Klassiker nicht erwarten, daß er an einem einmal gefundenen Stil Jahrzehnte hindurch festhält wie jener Cellist, der zeitlebens den endlich gefundenen, einmalig schönen Ton spielt. Die Leipziger Lieder Goethes etwa gehören eindeutig der Anakreontik, einer Rokoko-Spielart, an. Vom *Götz von Berlichingen* an und durch die Frankfurter Jahre gilt Goethe ebenso wie Schiller als Hauptvertreter des deutschen Sturm und Drang, und erst unter dem Einfluß der Italienischen Reise von 1786–88 bricht das klassische Vorbild in seiner Dichtung durch. Im Spätwerk nach Schillers Tod 1805 wiederum, das soweit individuell ist, daß es sich einer Epocheneinordnung entzieht, brechen gelegentlich im *West-östlichen Divan* und *Faust II* romantische Züge durch. Das ist jedoch keine Reaktion auf herrschende Tendenzen, sondern eine bahnbrechende Erweiterung seines dichterischen Potentials. Nur Goethes Lieblingsspeisen entzogen sich solchem Wandel. Ein «klassisches Fischgericht» gehörte nicht dazu.

87. Soll man Goethe zitieren? Unter der Gewohnheit des wilhelminischen Bildungsbürgertums um 1900, seine Literaturkenntnis in Reden oder Schriften durch eingestreute oder abschließende («mit Goethewort schließen») Zitate großer Dichter zu bekunden, mußten in erster Linie der schlagkräftig formulierende Schiller, in zweiter der tiefer greifende Goethe, daneben aber auch in heiterem Sinne Wilhelm Busch leiden. Das Ergebnis war, daß manchem Leser die Texte dieser Autoren wie ein Zitatenlexikon oder, sportlicher ausgedrückt, wie ein Hindernislauf durch einen Wald vorfabrizierter Versatzstücke vorkamen. Das Risiko, solche Zitate als «geflügelte Worte» in die Welt hinauszuschicken, wächst mit der einprägsamen und schlagwortartigen Formulierung von Allerweltsweisheiten, die dann nicht mehr erfahren, sondern als Posters über die Erfahrung geklebt werden und sich mit der Zitatformulierung begnügen. Dabei bleibt die Allgemeinheit der Phrasierung oft unverbindlich abstrakt und sieht von den individuellen Umständen der Sachlage gänzlich ab.

Goethe selbst zitierte viel und gern, aber oft recht ungenau und benutzte wie sein *Mann von fünfzig Jahren* in den *Wanderjahren* die Ausrede, durch Umformulierung des Vorgängers entgehe er dem Vorwurf der Pedanterie (was für Goethe recht, für Studenten aber nicht nachahmenswert ist). Die Zitatwut hat mit dem Abbau klassischer Bildung nach der Flut der «Führerworte» und der «Worte des Vorsitzenden Mao» glücklicherweise nachgelassen. Sie kann jedoch bei maßvollem Gebrauch erhellend sein, zumal wenn die Zitate besser sind als die Formulierungen des Redners.

Da auch Goethe gern «aus dem Zusammenhang gerissen» zitiert wird, hat es sich als gute Sitte erwiesen, nach jedem Zitat die Quellenangabe mit Ausgabe, Band und Seitenzahl anzugeben, wobei jeder Verfasser nach seiner Ausgabe zitiert, so daß der Leser, der es wirklich wissen will, aber nicht sämtliche Goethe-Ausgaben (Weimarer, Jubiläums-, Artemis-, Hamburger, Berliner, Frankfurter und Münchner) zur Hand hat, am Verifizieren des Zitats erfolgreich gehindert ist und dadurch viel Zeit spart.

88. Wer schrieb Goethes Gespräche?   Goethe gab keine Interviews auf Tonband und veröffentliche keine «Unterhaltungen mit XYZ». Er zeichnete seine Gespräche nicht selbst auf. Das taten andere für ihn, und die bisher umfangreichste Ausgabe der Aufzeichnungen von kurzen Gesprächsfetzen bis zu langen Berichten über Besuche bei Goethe umfaßt sechs stattliche Bände mit 7522 Nummern, natürlich von unterschiedlicher Bedeutung und unterschiedlicher Zuverlässigkeit, da zwischen Gespräch und Aufzeichnung manchmal Jahre oder Jahrzehnte lagen, andere Aufzeichnungen aus zweiter oder dritter Hand vom Hörensagen erfolgten und entsprechend unverläßlich sind und Goethe keinen dieser Texte als authentisch abzeichnete. Auch die ideale Form der Texte mit Angabe von Zeit, Ort, Teilnehmern, Inhalt, Form und Verlauf des Gesprächs erfüllen die wenigsten von ihnen, denn solche Bürokratie hätte wohl jedes Gespräch im Keim erstickt.

Den größten Beitrag an systematisch durchgeführten Aufzeichnungen leistete Johann Peter Eckermann mit seinen *Gesprächen mit Goethe in den letzten Jahren seines Lebens*. Sie entstanden seit 1823 praktisch unter Goethes Augen und mit seiner Zustimmung und erschienen 1836 in zwei Bänden und unter Benutzung der Aufzeichnungen von F. Soret 1848 in drei Bänden. Da sie auf Eckermanns eigenen Aufzeichnungen, Notizen und Tagebüchern sowie Rekonstruktionen nach seinem ausgezeichneten Gedächtnis beruhen, gelten sie trotz ihres durch Weglassung alles Banalen verklärt-idealistischen Goethe-Bildes als erstaunlich zuverlässig und gewähren fast bis in die Sprachgestalt hinein einen guten Einblick in Goethes Gedankenwelt und Gedankenreichtum auf dem Hintergrund seines Alltags. Sie erhellen, daß für Goethe das Gespräch ein vitales Bedürfnis war, sich von einem realen oder imaginären Gegenüber seine Gedanken herauslocken zu lassen, sie in der dialogischen Situation zu formulieren und abzutasten.

Besucher preisen den von ausdrucksvollen Gesten begleiteten, kontinuierlichen Redefluß Goethes, die Gewandtheit und Sicherheit des mündlichen Ausdrucks, die Leichtigkeit bei der Verbalisierung schwieriger, tiefer Probleme und Goethes Vorliebe für leichte Ironie. Goethe erscheint in den Gesprächen meist vornehm-liebenswürdig, zurückhaltend und stellt sich nach Sachinhalt und Gesprächston auf den Gesprächspartner ein. Allzu aufdringlichen Fragen weiß er geschickt auszuweichen, nie läßt er den Faden der Unterhaltung aus der Hand und bewahrt die Gespräche vor dem Abgleiten in bloßes Gerede, small talk oder politische Debatten.

Weitere umfangreiche Gesprächsaufzeichnungen aus der Weimarer Zeit lieferten auch Kanzler von Müller (1870), Falk (1832), Böttiger (1838) und Riemer (1841). Die anfangs lebendigen, teils ironischen Gesprächsbeiträge Goethes nehmen später die Form eines methodischen Ausfragens der Besucher und schließlich im Alter mehr den Charakter von Audienzgesprächen an. Sie sind neben den autobiographischen Schriften, Tagebüchern und Briefen eine höchst aufschlußreiche Quelle zur Kenntnis seiner Persönlichkeit und bilden, erstmals von Woldemar von Biedermann (X 1889–96) gesammelt, ein Konvolut von Lebenszeugnissen, die mit Recht als halb authentischer Teil des Gesamtwerks gelten können, auch wenn die Formulierung im einzelnen nicht die seine ist.

Kurioserweise hielt Goethe selbst recht wenig von Gesprächen. Am 30. Dezember 1795 schrieb er an H. Meyer: «... und doch ist das Gespräch überall nichts als ein Austausch von Irrtümern und ein Kreislauf von beschränkten Eigenheiten.» Und noch deutlicher in den *Wanderjahren* (II, 9): «Wenn man weiß, worauf alles ankommt, hört man auf, gesprächig zu sein.» Er hatte scheint's seine Gespräche noch nicht gelesen.

89. Wer schrieb Goethes Briefe? «Briefe gehören unter die wichtigsten Denkmäler, die der einzelne Mensch hinterlassen kann», heißt es in der Vorrede zu *Winckelmann und sein Jahrhundert*. Doch Goethe hat sich nicht immer daran gehalten. In einem Autodafé verbrannte er 1767 zu seinem späteren Bedauern viele seiner Briefe und 1797 auch die Briefe an ihn seit 1772. Dennoch war Goethe mit Briefen nicht kleinlich. In der Weimarer Ausgabe füllen die erhaltenen 14385 Briefe Goethes 53 Bände gegenüber 63 Bänden seiner Werke. Auch ohne Heranziehung des Hexeneinmaleins und unter Berücksichtigung der vermutlichen Verluste ergibt sich, daß Goethe seit der Weimarer Zeit durchschnittlich fast jeden Tag einen Brief schrieb – meist nicht immer selbst schrieb, sondern seinen Sekretären, Schreibern, Dienern oder auch Freunden im Umhergehen diktierte, dann eventuell korrigierte und wieder durchsah, nur um dem inspirationsfeindlichen und verlangsamenden Schreibprozeß zu entkommen und das gesprochene Wort zu kontrollieren – die Freuden des vortelekommunikativen Briefschreibezeitalters. «Meine angeborene Rechte ist so faul als ungeschickt, dergestalt, daß sie immer Entschuldigung zu finden weiß, wenn ihr ein Briefblatt vorgelegt wird» (an Constanze von Fritsch, 16. 6. 1813), und dagegen Frau von Stein 1808: «Goethe kann nie ganz offen sein, weil er alle Briefe nur diktiert.»

Es begann für ihn mit jugendlichen, spontanen Gefühlsergüssen und burschikosen Freundschaftsbriefen aus der Studentenzeit, gefolgt von Bekenntnissen empfindsamer Seelenerforschung und Briefgedichten an Freundinnen, Darlegungen wissenschaftlicher und künstlerischer Probleme bis zur gestelzten Rhetorik höfischer oder amtlicher Schriftstücke. Im Gegensatz zu vielen seiner Zeitgenossen war Goethe dabei «unschreibselig»; er vermied die indiskrete Klatschsucht ebenso wie die selbstzweckhafte Geschwätzigkeit und beantwortete Briefe vorzüglich nur, wenn er Sachliches mitzuteilen hatte. So ergeben seine Briefe ein authentisches Bild seines Lebenszusammenhangs, seines Wirkens und seiner geistigen Beschäftigung, zugleich auch der weltumspannenden Weite seiner umfangreichen Korrespondenz mit Freunden und Freundinnen, Verwandten, Hofleuten, Künstlern, Politikern, Historikern, Philologen, Naturwissenschaftlern, Verlegern u. a. m. von Amerika bis Rußland.

Die wenigsten Briefe sind zum bloßen Vorzeigen, Vorlesen oder Weiterreichen gedacht, wie seinerzeit üblich. Sie stehen vielmehr in der Tradition des persönlichen Austausches im Sinne des Freundschaftskults und der Empfindsamkeit. Nur die Briefe aus Italien, der Briefwechsel mit Schiller und mit Zelter waren von vornherein zur Veröffentlichung gedacht und wurden teilweise überarbeitet.

Da viele Briefe ohne die Gegenbriefe und Antworten teils unverständlich sind, die Briefe an Goethe aber nur sehr selektiv publiziert wurden, versucht eine Regestensammlung die Briefe an Goethe wenigstens in kurzen Inhaltsangaben zu rekonstruieren. Für die Goethe nahestehenden Briefpartner wie Schiller, Zelter, Knebel, Carl August, Humboldt, M. von Willemer, Christiane oder Cotta u. a. m. geben

Ausgaben der vollständigen Briefwechsel aufschlußreiche Einblicke in deren Wechselgespräch.

Fiktive Briefe als Mittel dichterischer Intimität verwendet Goethe im Briefroman *Die Leiden des jungen Werthers* und in den Briefeinlagen der *Wahlverwandtschaften* und der *Wanderjahre*.

Kuriosa

90. Wie kam Goethe auf den Hund?
Goethe ist nicht als besonderer Tierfreund bekannt. Aber das beruht auf Gegenseitigkeit: die Hunde konnten auch mit Goethe nicht viel anfangen, denn er benutzte oft ihren Namen als Schimpfwort für «Schurke, Schuft» und dergleichen, so etwa in *Rezensent*: «Schlagt ihn tot, den Hund! Es ist ein Rezensent», oder wenn er den Genieapostel und Lebensreformer seines Titels «Gottes Spürhund» entkleidet: «Die Gottesspur ist nun vorbei, / Der Hund ist ihm geblieben.» *(Christoph Kaufmann)* Zwar beruhigt Goethe die Hundefreunde mit dem vielzitierten Vers «Dem Hunde, wenn er gut erzogen, / Wird selbst ein weiser Mann gewogen» *(Faust* v. 1174 f.), doch wer dies sagt, ist nur der «trockne Schleicher» (ebda. v. 521) Famulus Wagner, nicht Faust, und dieser hat das Lob schon zuvor zurückgewiesen: «Ich finde nicht die Spur / Von einem Geist, und alles ist Dressur.» (v.1172 f.) Und in der Tat soll sich später Mephisto als «des Pudels Kern» enthunden.

Doch Goethe war kein radikaler Rassist. Einige Hunde wie das Windspiel des Kupferstechers Stock in Leipzig, das Hündchen der Charlotte von Stein oder die englische Dogge seines Sohnes August ließ er gelten, die Hundeschar um den Herzog Carl August mußte er dulden, aber der bellende Köter des Peter im Baumgarten war ihm zuviel. Am meisten ärgerte ihn das Hundegebell:

«Manche Töne sind mir Verdruß, doch bleibet am meisten /
Hundegebell mir verhaßt: kläffend zerreißt es mein Ohr.»

Außer wenn das Gebell des Nachbarhundes ihm wie einst die Ankunft seines Mädchen ankündigte *(Römische Elegien XVII)*.

Ungezogene und lautstarke Vierbeiner begleiten aus purer Bosheit als permanente Feindbilder Goethes Werke und bekommen seinen Unwillen ebenso zu spüren wie Hundenarren, die sie nicht disziplinieren:

«Wundern kann es mich nicht, daß Menschen die Hunde so lieben, / Denn ein erbärmlicher Schuft ist, wie der Mensch, so der Hund.»

(*Venezianische Epigramme* 73), oder:

«Ungezogen genug sind schon die Menschen, und jeder / Hegt noch mit viel Bedacht seinen verzogenen Hund.»

(*Xenien* 685)

Auch in der Dialognovelle von 1800 *Die guten Weiber* sind die Hunde «nur Zerrbilder des Menschen», «bellende unvernünftige Tiere», die die Vernunft des Menschen beeinträchtigen oder gar zum Stillstand bringen, was die Figuren durch positive wie negative Beispiele des Hundelebens erläutern.

Tatkräftigen, wenn auch kostspieligen Ausdruck fand Goethes Kynophobie 1801 in Göttingen, als ihm das nächtliche Gebell einer Hundeschar vor seinem Fenster «anhaltend unerträglich» war und er die «unwillkommenen Ruhestörer» durch einige aus dem Fenster geworfene Fossilien aus dem Schatz seines Sohnes verscheuchte: teuer erkaufte Nachtruhe. (*Tag- und Jahreshefte* 1801).

Schließlich war es ein Hund, der Goethes Theaterdirektion ein Ende bereitete. Nach Goethes Theaterregeln war in Weimar das Auftreten von Hunden auf der Bühne untersagt. Während Goethes Aufenthalt in Jena jedoch nutzte die Schauspielerin Caroline Jagemann ihr Verhältnis mit Herzog Carl August, um Castellis Drama *Der Hund des Aubri* am 12. 4. 1817 mit einem Hund auf die Weimarer Bühne zu bringen. Tags darauf gab der Herzog Goethes langgehegtem Wunsch nach, von der Theaterleitung entbunden zu werden, und das Weimarer Theater ging vor die Hunde.

P.S.: Was hätte Goethe wohl dazu gesagt, daß dieses Buch über ihn mit einem Hunde *(Hunde-rtundeine Frage)* anfängt?

91. Was haben Pudel für Kerne? Pudel waren zu Goethes Zeiten eine größere und stärkere, als Jagd- und Zugtiere verwendbare Rasse als die heutigen, überfrisierten Schoßhündchen, so daß sie durchaus für einen Kern gleich welcher Art Platz hätten haben können. Der schwarze Pudel, der Faust beim Osterspaziergang folgt, seinen Beschwörungen und Magiezeichen aber nicht folgen will, hat jedoch nicht nur einen mephistophelischen Kern, sondern ist hundertprozentig Mephisto: «Das also war des Pudels Kern» (*Faust* v. 1323), Goethe folgt darin der Fausttradition und dem Volksaberglauben vom

Erscheinungsbild des Bösen. Da er nicht an eine Bühnenaufführung des *Faust* dachte, verstieß der Pudel nicht gegen Goethes Verbot von Hunden auf der Bühne.

92. Was hatte Goethe gegen Brillen? Eine der merkwürdigsten Absonderlichkeiten Goethes war seine Aversion gegen Brillen und Brillenträger. Es konnte einem Besucher Goethes passieren, daß ihm vorher geraten wurde, die Brille abzulegen, wollte er nicht kurz abgefertigt werden (*Tagebuch* 29. 3. 1827). Nur wenige Freunde wie Zelter und Varnhagen erhielten Ausnahmegenehmigungen; der sehr schwachsichtige Eckermann hatte es schwer. Goethe, der Augenmensch, der selbst geringfügig kurzsichtig und besonders im Alter oft auf Brillen oder Lorgnetten angewiesen war, ließ sich selbst kaum damit erwischen, verhehlte aber seine Abneigung nie und erging sich gern weitschweifig darüber, um Proselyten zu machen: Brillenträger entzögen sich durch das blendende Glas wie durch eine Maske dem direkten Blick des Gegenüber, gewönnen aber ihrerseits einen sittenwidrigen Vorteil, indem sie mehr sähen, als die Natur freigebe, sich dem unbewaffneten Gegenüber überlegen benähmen, ihm indiskrete Einsichten abgewönnen und damit die Chancengleichheit zerstörten. So Goethe zu Eckermann am 5. 4. 1830: «Es mag eine Wunderlichkeit von mir sein, aber ich kann es einmal nicht überwinden. Sowie ein Fremder mit der Brille auf der Nase zu mir hereintritt, kommt sogleich eine Verstimmung über mich, der ich nicht Herr werden kann. Es geniert mich so sehr, daß es einen großen Teil meines Wohlwollens sogleich auf der Schwelle hinwegnimmt.» Dahinter steckt natürlich die Erfahrung, von Reisenden als Sehenswürdigkeit der genauen Besichtigung mithilfe von Brillen ausgesetzt und damit zum Objekt degradiert zu werden. Psychoanalytiker könnten das Rivalitätsverhältnis noch anders erklären. Die Konsequenz zieht das Gedicht *Feindseliger Blick*: «Ich rede kein vernünftig Wort / Mit einem durch die Brille.»

Entsprechend schließen sich Goethes Figuren den verba magistri an:

«Es käme niemand mit der Brille auf der Nase in ein vertrauliches Gemach, wenn er wüßte, daß uns Frauen sogleich die Lust vergeht, ihn anzusehen und uns mit ihm zu unterhalten.» So Ottilie (*Wahlverwandtschaften* II, 5) oder Wilhelm Meister: «Wer durch Brillen sieht, hält sich für klüger, als er ist, denn sein äußerer Sinn wird dadurch mit seiner innern Urteilsfähigkeit außer Gleichgewicht gesetzt ... So oft ich durch eine Brille sehe, bin ich ein anderer Mensch und gefalle mir selbst nicht; ich sehe mehr, als ich sehen sollte, die schärfer gesehene Welt harmoniert nicht mit meinem Innern ...» (*Wanderjahre* I, 10)

Goethes Argumentation und sein Kreuzzug gegen die Brille haben nicht zu ihrer Abschaffung geführt. Auch ist es höchst unwahrscheinlich, daß die Entwicklung der Kontaktlinsen, die Goethe selbst mit Brille nicht bemerkt hätte, auf dessen Anregung zurückgeht.

93. Glaubte Goethe an Gespenster und Dämonen? Goethe ging mit Gespenstern um wie Politiker mit Idealen: Man glaubt sie nicht, man benutzt sie nur. Zwar hatte die Aufklärung des 18. Jahrhunderts die Geister, Dämonen und Gespenster durch das Licht der Vernunft aus ihren Wohnsitzen vertrieben und sie offiziell für ausgestorben erklärt, doch in den dunklen Ecken und Winkeln des Volksglaubens und Aberglaubens feierten sie bald fröhliche Urständ und spukten fort. Rationale Dichtung konnte von ihnen keinen Gebrauch machen, ohne sich zu diskreditieren, aber sobald die Dichtung von der hohen Vernunft ins Volkstümliche und Folkloristische abglitt, kamen sie von überall her hervor und boten sich dem Dichter zu vielfältigen Gebrauchsmöglichkeiten an.

Goethe sah den Aberglauben auch als irrationales Element aus prälogischer Zeit an, das sich an unerklärte Naturwirkungen anschließt; gleichzeitig aber erklärt er den Aberglauben als «Poesie des Lebens» (*Maximen und Reflexionen* 171) und bedient sich seiner Themen und Motive für seine Poesie: In den Gespensterballaden *Der untreue Knabe*, *Erlkönig*, *Die Braut von Korinth*, *Der Totentanz* und den Spuk- und Gespenstergeschichten der *Unterhaltungen deutscher Ausgewanderten*, besonders der Erzählung von der Sängerin Antonelli, und im allgemeinen Rahmen in *Groß-Cophta* und *Faust*.

Abergläubische Züge finden sich auch in Goethes Leben im Vertrauen auf Ahnungen, Wachträume, Vorzeichen usw., im Glauben, über unvollendete Taten und Werke nicht reden zu sollen (zu Eckermann 10. 2. 1829) oder nach einem Achsenbruch eine Reise abbrechen zu müssen.

Für den «dezidierten Nichtchristen» ist das unpersönliche «Dämonische» die Funktion einer überindividuellen, logisch nicht erklärbaren, auf geheimnisvollen Bezügen aufbauenden Schicksalsmacht, die der Mensch nicht zu erfassen vermag, «das man anbetet, ohne sich anzumaßen, es weiter erklären zu wollen» (zu Eckermann 18.2.1831), also ein unpersönlich gedachter Gottesersatz. Den persönlichen Dämon dagegen sieht Goethe als Individualität, Charakter, Charisma, angeborene Kraft über andere zu rational nicht erklärbaren Wirkungen in großen Einzelnen wie Napoleon, Peter dem Großen, Byron, Paganini u.a.m. verkörpert – Wirkungen freilich, die sich heute nicht dämonisch, sondern psychologisch oder massenpsychologisch erklären lassen.

Im Umgang mit Gespenstern ist Goethe vorsichtiger. Die echten Gespenstertypen aus dem Volksaberglauben werden unscharf-balladisch verpackt und dem Glauben oder Unglauben des Lesers anheimgestellt. Die erzählten Gespenster in den *Unterhaltungen deutscher Ausgewanderten* bedürfen keiner Auflösung, da die Gespenstergeschichte eine Allegorie auf französische Zeitereignisse darstellt. Die weiteren Gespenster im Erzählwerk erklären sich einfach aus Irrtümern und Verwechslungen, bei denen Personen für Gespenster gehalten werden und ihr Erscheinen daher nicht weiter rationalisiert zu werden braucht.

An der Schöpfung und Verbreitung zeitgenössischer Gespenster im Klatschnest Weimar hatte Goethe Anteil, indem er die Spukgeschichte des Gräflich Wertherischen Hauses weiterträgt (an Schiller 10.8.1799) oder Spukgeschichten vom «gespensterhaften Mädchen in seinem Garten» selbst absichtlich verbreitet (*Tag- und Jahreshefte* 1809, zu F. von Müller 18.5.1831). – «Die ich rief, die Geister, /Werd' ich nun nicht los» *(Der Zauberlehrling)*.

94. War Goethe steinreich? Er war es, und zwar nicht nur im Vergleich mit anderen Weimarer oder Thüringer Bürgern seiner Zeit. Im Gartenpavillon seines Hauses am Frauenplan breitete er seine Schätze aus, das Ergebnis lebenslangen Sammelns in Thüringen und auf Reisen, erweitert durch Tausch oder Geschenke von Freunden und Verehrern, über die er sich stets freute.

Über 18 000 Einzelstücke umfaßten Goethes Sammlungen zur Mineralogie und Geologie: Mineralien, Gesteine und Fossilien, eine systematisch geordnete Sammlung von ungeheurem Umfang, Produkt einer seit 1780 ungehemmten Sammelleidenschaft, die er zu unmittelbarer Anschauung, Kenntnis und zur eigenen Bildung für nötig erachtete. Dabei ging es ihm als bloßem Liebhaber ohne nähere Fach- und Literaturkenntnis weniger um die Erforschung des Kristallisationsprozesses oder der Chemie und Physik der Mineralien als um die Beschreibung, Identifizierung und Katalogisierung der Funde und die Theorie zur Entstehung der Erdrinde, weniger um die Wissenschaft überhaupt als um die Breite und Schönheit der Dokumentation.

Literarischen Niederschlag fand Goethes mineralogisches Interesse nur in zwei mehr philosophisch-rhapsodischen Fragmenten *Über den Granit* von 1784. Anstöße zur eigenen Sammlung gab die amtliche Beschäftigung mit dem Bergbau in Ilmenau, später im Harz, aber auch auffallende Gesteinsarten in Italien und Böhmen. Aus demselben Interesse heraus korrespondierte und konferierte er mit zahlreichen Mineralogen und Geologen und wurde 1798 aktives Mitglied der Mineralogischen Gesellschaft in Jena. Ihm zu Ehren nannte der Jenaer Mineraloge J. G. Lenz ein Nadeleisenerz «Goethit».

95. Was faszinierte Goethe an der Halsbandaffäre? Die Halsbandaffäre ist im Grunde eine ganz banale, derbdreiste und leicht frivole Gaunergeschichte der Jahre 1785/86, die man kaum einem Dramatiker als glaubhaft abgenommen hätte, wären darin nicht Mitglieder der französischen Hofgesellschaft verwickelt gewesen, denen man von vornherein mehr als den Durchschnittsbürgern zutraute, eine Hochstaplerstory, die wohl den größten Skandal des vorrevolutionären Europa aufdeckte und sich durch die Presse rasch über den Kontinent verbreitete.

Der sittenlose, verschwenderische Kardinal de Rohan hat sich leidenschaftlich in die Königin Marie Antoinette verliebt, die ihn jedoch verachtet, und möchte ihr Wohlwollen und seinen politischen Einfluß bei Hofe wiedergewinnen. Aus dieser Situation zieht eine geschickte Betrügerin, die sich als Gräfin Jeanne de la Motte-Valois und enge Vertraute der Königin ausgibt, ihren Vorteil. Sie überzeugt den Kardinal, er könne mit ihrer Hilfe die Gunst der Königin wiedergewinnen, wenn er insgeheim in ihrem Namen ein immens teures Diamantenhalsband für 1,6 Millionen Livres erwerbe und es der Königin zukommen lasse, die es nicht selbst kaufen könne, um nicht der Verschwendungssucht bezichtigt zu werden. Rohan erhält eine von der Gräfin gefälschte Bürgschaft der Königin, unterzeichnet einen Kaufvertrag auf Raten, erhält das Halsband und übergibt es der falschen

Gräfin, die es der Königin weiterreichen soll, es jedoch bewußt einem falschen Diener aushändigt, in Wirklichkeit aber die Steine herausbricht und sie einzeln in Paris, später London, verkauft. Als die Juweliere die erste Rate bei der nichtsahnenden Königin einklagen, fliegt der Schwindel auf. Der Kardinal wird gefangengesetzt, im Prozeß aber freigesprochen, die falsche Gräfin wird zu Auspeitschung und lebenslänglicher Haft verurteilt und entkommt später nach London. Auch Cagliostro ist als Freund Rohans und der La Motte unklar in die Affäre verwickelt, wird jedoch nicht belangt.

Die Affäre schadete nicht nur dem Ruf der ebenso unschuldigen wie nichtsahnenden Königin, da das Volk ihrer erwiesenen Unschuld keinen Glauben schenkte und in der ganzen Affäre nur einen Beweis für die vermutete Korruption, Leichtfertigkeit und Unsittlichkeit der Aristokratie sah, die zum Verfall und Sturz der innerlich morschen Monarchie führen sollte.

Goethe, der Rohan und Marie Antoinette schon 1770 in Straßburg gesehen hatte, nahm den Skandal sehr viel ernster als die meisten Zeitgenossen; er war schwer erschüttert und außer sich, da er darin Vorzeichen einer künftigen Revolution erkannte:

«Schon im Jahr 1785 hatte die Halsbandgeschichte einen unaussprechlichen Eindruck auf mich gemacht. In dem unsittlichen Stadt-, Hof- und Staats-Abgrunde, der sich hier eröffnete, erschienen mir die greulichsten Folgen gespensterhaft, deren Erscheinung ich geraume Zeit nicht los werden konnte; wobei ich mich so seltsam benahm, daß Freunde, unter denen ich mich eben auf dem Lande aufhielt, als die erste Nachricht hievon zu uns gelangte, mir nur spät, als die Revolution längst ausgebrochen war, gestanden, daß ich ihnen damals wie wahnsinnig vorgekommen sei.» (*Tag- und Jahreshefte* 1789)

«Schon im Jahre 1785 erschreckte mich die Halsbandsgeschichte wie das Haupt der Gorgone. Durch dieses unerhört frevelhafte Beginnen sah ich die Würde der Majestät untergraben, schon im voraus vernichtet, und alle Folgeschritte von dieser Zeit an bestätigten leider allzusehr die furchtbaren Ahnungen.» (*Campagne in Frankreich*)

Goethe plante 1787 ursprünglich, aus dem Stoff eine opera buffa *Die Mystifizierten* zu machen, gab diesen Plan aber zugunsten des Prosalustspiels *Der Groß-Cophta* (1791) auf, das den historischen Ereignissen folgt, das Königspaar aber ausschließt und der Affäre einen versöhnlichen Schluß mit Landesverweisung der Schuldigen gibt, doch den der Beteiligung verdächtigten Cagliostro in die Handlung einbeziehet. Er entschärfte also bewußt die von ihm erkannte Sprengkraft der Affäre. Das Publikum aber wollte es genauer wissen.

96. Warum faszinierte der Hochstapler Cagliostro Goethe?

Schwindler, Gauner, Betrüger, Scharlatane, Abenteurer und Hochstapler haben von jeher eine starke Faszination auf idealistische Schriftsteller ausgeübt. Sie verkörpern das Gegenteil der von solchen Dichtern dargestellten, «verteufelt humanen» Tugendritter und -damen und stellen gewissenmaßen den Ausgleich her zu Charakteren, die die Schriftsteller nicht ausleben können. Erst im frühen 20. Jahrhundert empfinden sensible Dichterfiguren wie Thomas Manns Tonio Kröger sich selbst als eine Art Hochstapler. Dieses Gefühl ist bei Goethe nicht ausgeprägt, so daß sein Interesse am «sonderbarsten Ungeheuer» Cagliostro eher dem angeblich dämonischen Menschen und seiner vermeintlichen Macht über die Menschen durch Wundersucht, Mystizismus, Spiritismus, Zauberei und Hellseherei gegolten haben muß.

Der international berüchtigte italienische Abenteurer Giuseppe Balsamo (1743–1795), der sich selbst zum Grafen Alessandro Cagliostro ernannte und auch unter anderen angenommenen Namen durch Europa reiste, war der Sohn eines bankrotten Händlers aus Palermo. Er machte sich die Leichtgläubigkeit vieler Menschen finanziell zunutze, indem er sich als Besitzer irrationaler Kräfte, Wahrsager, Alchemist und Zauberkünstler die Gunst hoher Persönlichkeiten erwarb. Noch vor der Halsbandaffäre von 1785, in die Cagliostro in unklarer Weise verwickelt war, beschäftigte sich Goethe, der ihm nie begegnete, mit ihm und seinen zeitsymptomatischen Erfolgen, indem Cagliostro den durch Aufklärung und Vernunftglauben nur oberflächlich verdeckten Glauben der Menschen an Wunder und Geister ans Licht zog und für sich ausbeutete. Der große Betrüger starb schließlich, als Ketzer zum Tode verurteilt, 1791 zu lebenslanger Haft begnadigt, im Gefängnis.

Goethe stand Cagliostro von Anfang an mißtrauisch gegenüber, während andere seines Kreises ihm Glauben schenkten und Lavater auch nach Cagliostros Entlarvung an seine Wunder glaubte und behauptete, der Betrüger sei ein falscher Cagliostro, der echte Wundertäter Cagliostro dagegen eine heilige Person. (zu Eckermann 17.2.1829) Goethe las alle ihm erreichbaren Publikationen über

Cagliostro und suchte während dessen Aufenthalt in England am 13./14. April 1787 als angeblicher Engländer namens Wilton seinerseits in Palermo die Familie Balsamo auf, ließ sich Balsamos Identität mit Cagliostro bestätigen und stellte einen Stammbaum des Betrügers auf, den er 1792 in der Weimarer Freitagsgesellschaft stolz vorstellte, der aber nichts erklärte. Er berichtet darüber in der *Italienischen Reise* (13./14. 4. 1787).

Sein Plan einer Cagliostro-Oper *Die Mystifizierten oder Il Conte* verschmolz 1791 mit der Prosakomödie *Der Groß-Cophta*, deren Honorar er als Entschuldigung für seinen Besuch unter falschem Namen der notleidenden Familie Balsamo zukommen ließ. Doch Goethe hatte wohl das Interesse des Publikums, gemessen an seinem eigenen, überschätzt. Das Stück wurde kein Erfolg. Die Warnung vor Betrügern und Scharlatanen verhallte, aber die Bestürzung über diese letzte Krise und den Niedergang und moralischen Verfall der Oberschicht erwies sich als gerechtfertigt.

«Haben wir nicht in den neueren Tagen Cagliostro gesehen, wie er ... überall Anhänger finden konnte? Ist es denn zu viel gesagt, daß ein gewisser Aberglaube an dämonische Menschen niemals aufhören, ja daß zu jeder Zeit sich immer ein Lokal finden wird, wo das problematisch Wahre, vor dem wir in der Theorie allein Respekt haben, sich in der Ausübung mit der Lüge auf das allerbequemste begatten kann.» *(Tag- und Jahreshefte 1805)*

97. Was war in der Nachbarin Fläschchen? Flaschen spielen in Goethes *Faust* eine nicht unbedeutende Rolle. In der Nachtszene des 1. Teils greift der verzweifelnde Faust nach einer Phiole mit Gift, um sein Leben zu enden, und wird durch die Osterglocken und den Engelchor von diesem Vorhaben abgelenkt (v. 742), doch Mephisto weiß davon und spottet darüber (v. 1579 f.). In der Laboratoriumsszene des 2. Teils von *Faust* (v. 6870 ff.) braut Wagner mit Mephistos Hilfe in einer Phiole den künstlichen Menschen Homunculus zusammen. In der Dom-Szene von *Faust I* hört Gretchen den lateinischen (!) Hymnus vom Jüngsten Gericht und bricht in Gewissensqualen ohnmächtig zusammen mit den Worten «Nachbarin! Euer Fläschchen!» (v. 3834). Man könnte dabei im Hinblick auf Fausts Phiole an Gift denken, doch Gretchen bittet die neben ihr Sitzende lediglich um deren Riechfläschchen, wie es Frauen im 18. Jahrhundert bei sich trugen, um sich selbst oder Frauen, die, wie im 18. Jahrhundert Mode, durch ein enggeschnürtes Korsett häufig in Ohnmacht fielen, durch den scharfen Geruch von Salmiak und Lavendel wieder aufzuhelfen. Gretchen bedient sich hier einer Wendung, die damals durchaus üblich war und soviel besagte wie «Ich werde ohnmächtig». Man konnte oder sollte den Ausruf jedoch auch als Zeichen für Gretchens Schwangerschaft verstehen. Im prüden 19. Jahrhundert änderte man daher für die Weimarer Aufführung von 1829 mit Goethes Billigung die Zeile in «Nachbarin! Mir schwindelt!» Das besagt freilich nicht mehr, als dann auch geschieht, ohne den Verdacht der Schwangerschaft auszuräumen. Warum also?

98. Was ist der Erlkönig? An der Wiege dieser naturmagischen Ballade, die 1782 bei einer Aufführung des Singspiels *Die Fischerin* im Tiefurter Park gesungen wurde, stehen ein produktives Mißverständnis und eine Reihe von Geschlechtertauschen. Herder hatte in den *Volksliedern* (II, 1779) die dänische Volksballade vom Ellerkonge (von Elverkonge, = Elfenkönig) durch Ableitung vom norddeutschen «eller» = «Erle» als *Erlkönigs Tochter* übersetzt. Die Tochter der Elfenkönigin rächt sich darin tödlich an dem Ritter Oluf, der ihr einen Tanz verweigert hatte. Aus ihr wird bei Goethe ein lockender, bezaubernder und tötender, unsichtbar-gestaltloser Elementargeist seiner eigenen Schöpfung, also keine Figur der deutschen Volkssage oder Mythologie. Da der rationale Vater die imaginierten, verkappt homoerotischen Verlockungen des Geistes gar nicht hört, versteht er die Reaktionen des Sohnes als Fieberphantasien angesichts der unheimlich drohenden nächtlichen Natur. Das Lied vom Einbruch dämonischer Naturgewalten ins Menschenleben läßt die Frage, ob Fieberphantasien oder Elementargeister des Volksglaubens einwirken, bewußt offen und wirkte in dieser Ambivalenz besonders eindrucksvoll. Zahlreiche Vertonungen, u. a. von Schubert (1821), künstlerische Gestaltungen, u. a. von Moritz von Schwind (1849 u ö.), die englische Übersetzung von Walter Scott (1797) und ein moderner Roman von Michel Tournier (1970) bezeugen die weite Verbreitung und nachhaltige Wirkung der Ballade.

99. Was hielt Goethe vom Selbstmord? Vom eigenen: gar nicht viel; vom fremden: den Umständen entsprechend. In der Zeit der Empfindsamkeit im späten 18. Jahrhundert, einer Zeit melancholischen Lebensüberdrusses und Lebensekels, waren Selbstmorde keine

Seltenheit. Aus Goethes Lebenskreis fielen C. W. Jerusalem, das Vorbild Werthers, der Jugendfreund J. H. Merck, die Dichterin C. von Günderode, Zelters Stiefsohn und besonders Christiane von Laßberg, die sich an der Ilm vor Goethes Gartenhaus ertränkte, dieser Mode zum Opfer. Auch Goethe gibt zu, daß es ihn in der Wertherzeit viele «Entschlüsse und Anstrengungen kostete, damals den Wellen des Todes zu entkommen.» (an Zelter 3. 12. 1812) Er hatte jedoch beim Erscheinen des *Werther* durch die Niederschrift alle Anfechtungen überwunden.

Selbstmörder lesen gemeinhin nicht Goethe, wenigstens nicht vor der Tat und um ihre Absicht zu verhindern. Zählt man die Freitode in Goethes Werken, so hat er die Bevölkerungszahl um mindesten sechs, allerdings fiktive, Personen vermindert:

Werther stirbt, von der verlobten Geliebten abgewiesen und von der Gesellschaft verstoßen, an gebrochenem Herzen und einer Pistole. Sein Freitod erregte die literarische Welt und zeitigte mehrere reale und fiktive Nachahmungen.

Klärchen, Egmonts Geliebte, kann ohne ihn nicht weiterleben.

Ferdinand und Stella in der zweiten, tragischen Fassung von *Stella* müssen in den Tod gehen, weil das Publikum, von der ursprünglichen Dreieckslösung moralisch schockiert, es so will.

Faust allein läßt sich im kritischen Augenblick durch den Chor der Engel von der Phiole ablenken und gehört nur halb hierher.

Der Harfner Augustin in den *Lehrjahren* sucht, von vergangener Schuld gepeinigt, auf dem Weg in den Wahnsinn den Tod als Erlösung.

Ottilie in den *Wahlverwandtschaften*, unschuldig in den Liebeskonflikt hineingerissen, sühnt ihre Schuld am Tod des Kindes durch den Rückzug aus der Welt und dem Leben.

Das ist keine geringe Leistung für einen Dichter, der den Lebensgenuß so bejaht und dem Tod keinen Respekt zollt, der aber seine Konflikte und Charaktere so anlegt, daß seinen Figuren in hoffnungslosen Situationen, unbefriedigten Leidenschaften und eingebildeten Leiden kein anderer Ausweg bleibt. Dennoch gilt ihm der Selbstmord, dem er literarisch den Weg bereitet, als «etwas Unnatürliches» (*Dichtung und Wahrheit* III, 13), als «sittliches Vergehen» (zu Smirnow, Mai 1821) und als Gegenposition zu seiner prinzipiellen Lebensbejahung: «Der Selbstmord ist ein Ereignis der menschlichen Natur, welches, mag auch darüber schon so viel gesprochen und gehandelt sein als da will, doch einen jeden Menschen zur Teilnahme fordert, in jeder Zeitepoche wieder einmal verhandelt werden muß.» (*Dichtung und Wahrheit* III, 13)

100. Hatte Goethe keinen Duden?   Leider nicht, und wir müssen darunter leiden. Wer immer einen Originaldruck eines Textes von Goethe zu seinen Lebzeiten in die Hand nimmt, wird bald staunen, wieweit Goethes Orthographie und Interpunktion, aber auch gewisse grammatische Konstruktionen, vom heutigen Gebrauch abweichen. Ein Teil von ihnen ist natürlich gar nicht einmal Goethe, sondern seinen Schreibern anzulasten, denen er «ohne Punkt und Komma» diktierte und die Satzzeichen ihnen überließ.

Und auch für sie sowie später für die Setzer und Drucker gab es keinen verbindlichen Duden, sondern nur Rechtschreibwörterbücher verschiedener Autoren ohne offizielle Geltung. Erst nach der Rechtschreibkonferenz von 1876 (und später 1901) legte Konrad Duden 1880 sein *Vollständiges orthographisches Wörterbuch der deutschen Sprache* vor, das den herrschenden Sprach- und Schreibgebrauch festhalten sollte und für Druckereien, Schulen und Ämter verbindlich wurde, diese Verbindlichkeit aber durch die teils unsinnige und forcierte, keineswegs mehr dem Sprach- und Schreibgebrauch folgende Rechtschreibreform von 2005 bei weiten Kreisen der Bevölkerung wieder verloren hat.

Goethe hatte also keine verbindliche Schreibvorlage und schrieb teils nach dem Usus der Zeit, teils nach eigenem Geschmack und bevorzugte oft th- statt t, -ey statt -ei usw. Komplikationen entstanden auch dadurch, daß Ausgaben desselben Textes bei verschiedenen Verlegern stellenweise andere Schreibungen bevorzugten und Goethe selbst für Neudrucke gelegentlich illegale Nachdrucke als Druckvorlagen benutzte und deren Fehler mitschleppte.

Für die Ausgabe letzter Hand (1827–30) gab Goethe dem Jenaer Philologen C. W. Göttling freie Hand zur Vereinheitlichung der stark schwankenden Orthographie und Interpunktion, zum Teil auch der Grammatik, Diese Ausgabe letzter Hand erschien in zwei im einzelnen nicht ganz identischen Versionen, einer Oktav- und einer Taschenausgabe, zu je 40 Bänden. Sie gilt als von Goethe sorgfältig durchgesehene, letztwillige Version seiner Werke. Auf ihr beruhen alle größeren wissenschaftlichen Ausgaben, so die Weimarer Ausgabe auf der Oktav-, die Frankfurter Ausgabe auf der Taschenausgabe.

Spätere, populärere, auch kommentierte Ausgaben, Leseausgaben und Auswahlen stehen seither immer wieder vor dem Problem, den Text behutsam den jeweils zur Zeit der Publikation gültigen Normen in Orthographie und Interpunktion anzupassen, um eine Leseerleichterung zu schaffen, ohne gegen den Wortlaut und Klang Goethes zu verstoßen. Wer das nach Maßgabe des jüngsten Duden wagt, wird sich kaum längerer Beliebtheit erfreuen.

101. Was bedeutet das Hexeneinmaleins? Klassiker schreiben keinen Unsinn. Wenn ein Klassikerkopf mit meinem Kopf zusammenstößt, und es klingt hohl, muß das immer mein Kopf sein? Haben sich nicht Generationen von Philologen bemüht, den Sinn im Unsinn zu finden, dem absichtlichen Unsinn und Hokuspokus einen erklärbaren Sinn zu unterlegen, und sind damit gescheitert?

Die Zauberformel der Hexe bei der Zubereitung des Verjüngungstranks für Faust (*Faust* v. 2540 ff.) sieht nicht nur wie eine kauderwelsche Unsinnsdichtung aus, deren absurde Zahlenmystik mit Anspielungen auf die Trinität und die Zehn Gebote arbeitet, – sie ist es auch, Satire zugleich auf das Hokuspokus, das Abracadabra und doch wohl beabsichtigte Irreführung des typisch deutschen Bestrebens, auch im Widersinn Verstand zu suchen, den «Unsinn dem schlichten Menschenverstand anzueignen» (an Zelter 4. 12. 1827). Endlich ein Goethevers, über den man sich ungestraft amüsieren darf, ohne ihn zu verstehen: glänzender Nonsens.

Literaturhinweise

Kommentierte Ausgaben der Werke Goethes:

Johann Wolfgang von Goethe, *Werke*, Hamburger Ausgabe, XIV Bde., München 1972 u. ö.

Johann Wolfgang von Goethe, *Werke*, Artemis-Gedenkausgabe, XXIV Bde., München 1948–71.

Johann Wolfgang von Goethe, *Sämtliche Werke*, Münchner Ausgabe, XXVI Bde., München 1965–98.

Johann Wolfgang von Goethe, *Sämtliche Werke, Briefe, Tagebücher und Gespräche*, Frankfurter Ausgabe, XL Bde., Frankfurt/Main 1985–99.

Monographien zu Leben und Werk:

Staiger, Emil, *Goethe*, III Bde., Zürich 1952–59.

Friedenthal, Richard, *Goethe. Sein Leben und seine Zeit*, München 1963.

Conrady, Karl Otto, *Goethe. Leben und Werk*, II Bde., Königstein 1982–85.

Boyle, Nicholas, *Goethe. Der Dichter in seiner Zeit*, II Bde., München 1995 ff.

Reed, Terence J., *Goethe*, Würzburg 2000.

Bibliographien und Lexika:

Ausführliche Auskünfte zu Einzelfragen und entsprechende bibliographische Hinweise geben u. a.:

Wilpert, Gero v., *Goethe-Lexikon*, Stuttgart 1998.

Witte, Bernd/ Buck, Theo/ Dahnke, Hans-Dietrich/ Otto, Regine/ Schmidt, Peter (Hgg.), *Goethe-Handbuch*, VI Bde., Stuttgart 1996–98.

Bildnachweis

Abb. 1: Goethe. Porträtzeichnung von J.H. Lips. 1791. Klassik Stiftung Weimar.

Abb. 2: Goethe im Arbeitszimmer am Frauenplan, seinem Schreiber John diktierend. Gemälde von J.J. Schmeller. 1831. Klassik Stiftung Weimar.

Abb. 3: Goethes Geburtshaus in Frankfurt a. M. Aquarell von L. Thiénon. 1851. Goethe-Museum Düsseldorf. Foto: Walter Klein, Düsseldorf.

Abb. 4: Christiane und August. Aquarell von J.H. Meyer. 1792. Klassik Stiftung Weimar.

Abb. 5: Goethe am Fenster seiner Wohnung in Rom. Kreidezeichnung von J.H.W. Tischbein. 1786/87. Freies Deutsches Hochstift.

Abb. 6: Tafelrunde bei Anna Amalia. Aquarell von G.M. Kraus. 1795. Klassik Stiftung Weimar.

Abb. 7: Herzog Carl August. Ölgemälde von J.E. Heinsius. 1773/74. zit. nach: Effi Biedrzynski, Goethes Weimar, Zürich 1992, S. 343.

Abb. 8: Goethehaus am Frauenplan. Stich von L. Schütze. 1827. Klassik Stiftung Weimar.

Abb. 9: Goethes Gartenhaus am Stern. Zeichnung von O. Wagner. 1827. Goethe-Museum Düsseldorf.

Abb. 10: Das Junozimmer in Goethes Haus am Frauenplan. Klassik Stiftung Weimar.

Abb. 11: Goethe als Orest, Corona Schröter als Iphigenie. Gemälde von G.M. Kraus. 1779. Klassik Stiftung Weimar.

J.W. Goethe Werke

Hamburger Ausgabe

Dünndruckausgabe in 14 Leinenbänden.
Herausgegeben von Erich Trunz, unter Mitarbeit von
Stuart Atkins, Lieselotte Blumenthal, Herbert von Einem, Eberhard Haufe,
Wolfgang Kayser, Dorothea Kuhn, Dieter Lohmeier, Waltraud Loos,
Marion Robert, Hans Joachim Schrimpf, Carl Friedrich von Weizsäcker
und Benno von Wiese. 10970 Seiten, davon rund 3500 Seiten
Kommentar und Register. 14 Leinenbände in Schmuckkassette

Goethes Briefe und Briefe an Goethe

Hamburger Ausgabe

Dünndruckausgabe in 6 Bänden.
Herausgegeben von Karl Robert Mandelkow
unter Mitarbeit von Bodo Morawe

Goethes Briefe. Band 1–4

Herausgegeben von Karl Robert Mandelkow und Bodo Morawe

Briefe an Goethe. Band 1–2

Herausgegeben von Karl Robert Mandelkow
Neuauflage der Werkdruckausgabe
1988. Insgesamt 4390 Seiten, davon 1220 Seiten Kommentar und
Register. 6 Leinenbände in Kassette

Zum Goethejahr 2007

Faust
Faust 1, Faust 2 und Urfaust
Herausgegeben und kommentiert von Erich Trunz
Jubiläumsausgabe 2007. 777 Seiten. Leinen

Gedichte
Herausgegeben und kommentiert von Erich Trunz
Jubiläumsausgabe 2007. 840 Seiten. Leinen

Italienische Reise
Herausgegeben und kommentiert von Herbert von Einem unter
Mitarbeit von Alste Horn
Jubliäumsausgabe 2007. 748 Seiten. Leinen

Erich Trunz
Ein Tag aus Goethes Leben
Jubiläumsausgabe 2007. 191 Seiten. Gebunden

Verlag C. H. Beck München